Die kleine Stimme

Joss Sheldon

Übersetzt von Martina Moser

FÜR DICH

»Das Rebellischste, das du tun kannst, ist dich zu bilden.
Vergiss, was sie dir in der Schule erzählt haben!
Ich sage nicht, du sollst dich an die Regeln halten. Bilde dich!
Bilde dich! Bilde dich!
Zerreiße die Ketten ihrer Versklavung. Bilde dich!
Auch wenn du am Boden bist. Bilde dich!
Was für eine Waffe dein Gehirn ist. Bilde dich!
Bilde dich! Bilde dich!«

AKALA
(Aus dem Album „Wissen ist Macht")

KAPITEL EINS

Es war an meinem sechsten Geburtstag, als die kleine Stimme zum ersten Mal zu mir sprach. Bitte, liebe Leserin und lieber Leser, verstehen Sie mich richtig, es war keine abstrakte kleine Stimme. Oh nein! Sie gehörte einem kleinen Wesen, das in meinem Gehirn lebte. Aber bis zu diesem Zeitpunkt hatte das Wesen noch niemals ein Wort gesprochen. Das Wesen war nicht menschlich - weit davon entfernt! Obwohl - seine Augen sahen genauso aus wie meine. Ehrlich gesagt, muss ich gestehen, dass ich mir nicht sicher bin, was es war. Ich habe es einfach immer nur den „Egot" genannt.

Die Haut des Egots war feuerrot, das Haar so glänzend wie die Sonne am Mittag und sein Bauch so kugelrund wie eine Perle. Er hatte Plattfüße, Elfenohren und kleine Krallen. Ich nahm an, dass er männlich sei, er hätte jedoch genauso gut auch weiblich sein können, dass ließ sich unmöglich feststellen.

Trotz seines ungewöhnlichen Aussehens, hatte ich keine Angst, wenn ich den Egot sah. Er besaß ein derart starkes Charisma, dass er beruhigend auf mich wirkte. Dann lupfte er seine flache Kappe, beugte eines seiner spitzen Knie und zwinkerte mir auf eine Art und Weise zu, die seine Augen zum Funkeln brachte. Sobald ich den Egot nur ansah, erfüllte mich ein warmes wohliges Gefühl.

Ich kannte den Egot. Er war Teil meiner Gedankenwelt. Mein Begleiter. Mein Freund. Aber gesprochen hat er nie. Nicht bis zu dem Tag, an dem ich sechs wurde.

Fünf meiner Mitschüler und ich saßen an unseren Schreibtischen in der Schule. Weißes Licht spiegelte sich auf dem gebohnerten Boden. Der Geruch von angespitzten Stiften erfüllte die Luft. Unsere Lehrerin, Frau Braun stand vorne im Klassenzimmer und kratzte mit einem winzigen Kreidestückchen über die unbeteiligt wirkende Tafel.

Eingehüllt in einer Wolke von Kreidestaub erzählte sie der Klasse:

»Sobald die mutigen Entdecker in dem weit entfernten Land anlegten, wurden sie von einer Horde Wilder angegriffen.«

»Oh, oh!« schrie Rotznase McGill.

Ich mochte Rotznase McGill. Ich mochte alle Kinder in meiner Klasse. Damals, glaube ich, haben wir einfach angenommen, dass wir alle gleich wären. Dass wir alle im selben Boot säßen. Über unsere verschiedenen Geschlechter, Rassen oder Klassen dachten wir nicht wirklich nach. Wir koexistierten einfach, wie eine einzige große Familie.

Ich glaube, Rotznase McGill hieß eigentlich Sarah, aber wir nannten sie Rotznase, weil sie ständig erkältet war. Es verging selten eine Stunde, in der sie nicht entweder niesen musste, sich in der Nase bohrte oder sich mit ihrem rotzverklebten Ärmel einen Popel abwischte. Aber sie hatte so eine schöne Gesichtsfarbe. Ein Hauch von Rosa, wie ihn ein Schnupfen mit sich bringt, umgab sie wie eine Aura. Es stand ihr. Sie sah immer so verdammt frisch aus.

Jedenfalls meldete sich Rotznase McGill mit hocherhobener Hand.

»Frau Braun ..., Frau Braun«, rief sie. »Was ist ein Wilder?« Frau Braun drehte sich zu uns um. Sie war kreideweiß. Alles um sie herum sah kreideweiß aus. Der Boden war mit Kreidestaub bedeckt, ebenso wie die Regale. Kreidereste leuchteten auf Frau Brauns dichtem Haar und auch ihre

Fingerspitzen waren von der Kreide weiß gefärbt.

»Nun«, antwortete sie. »Ein Wilder hat den Körper eines Menschen aber nicht sein zivilisiertes Benehmen. Ein Wilder ist wie ein Tier. Er trägt keine Kleidung, lebt nicht in einem Haus und lernt oder arbeitet nicht. Er befriedigt seine Grundbedürfnisse: essen, trinken und sich fortpflanzen. Aber er besitzt keinen Intellekt. Er hat keinen Ehrgeiz. Er riecht schlecht, ist behaart und sieht grotesk aus. Für sein Überleben tut er so wenig wie möglich. Und die meiste Zeit verbringt er mit Schlafen oder Spielen.«

Rotznase McGill sah erschrocken aus, ebenso wie Stacey Fairclough, Schlafmütze Sampson und Gavin Gillis. Der dicke Schmitt sah aus, als würde er gleich einen Kampf beginnen. Die meisten in der Klasse wirkten bestürzt. Aber ich fühlte mich inspiriert.

»Sie brauchen nicht in die Schule zu gehen!« dachte ich fasziniert und voller Neid. »Sie verbringen den ganzen Tag mit Spielen. Sie schlafen so lange wie sie wollen!«

Mir schien, als hätte ich eine Art

Supermenschen entdeckt. Mir kamen die Wilden wie Götter vor. Ich wusste augenblicklich, dass ich einer von ihnen sein wollte. Niemals zuvor in meinem Leben war ich mir einer Sache so sicher gewesen.

Der Egot grinste hinterlistig. Er zwirbelte eines seiner Schnurbarthaare zwischen seinen skelettartigen Klauen wobei er mit einem seiner Plattfüße auf den Boden klopfte.

Frau Braun fuhr fort:

»Als die Forscher also an Land gingen, stürzte eine Horde Wilder auf sie zu; wie Affen schwangen sie sich durch die Bäume und trommelten mit den Fäusten auf ihre Brust; dabei stießen sie eselartige Schreie aus. Sie donnerten wie ein eine Herde wildgewordener Büffel stampfend über die staubige Erde.«

Das war der Augenblick, als der Egot zum ersten Mal zu mir sprach.

Mit gekreuzten spindeldürren Beinchen lehnte er direkt hinter meinem Nasenbein an meiner inneren Schädeldecke. Dann begann er zu sprechen:

»Wenn du ein Wilder sein willst, dann

solltest du dich wohl auch wie einer benehmen. Du solltest wahrscheinlich wie ein Büffel stampfen und dir wie ein Affe auf die Brust trommeln. Vielleicht solltest du sogar wie ein Esel schreien? Ja ... ja!«

Die Stimme des Egots war so ... so ... so unbeschreiblich. So subtil. So ruhig. So kapriziös. So exzentrisch. Und so unglaublich leise!

Der Egot betonte verschiedene Buchstaben so, als sei er von der Entdeckung ihrer Existenz geschockt. Er redete geschwollen wie ein Franzose, der lallend bei einem Glas Wein sitzt. Einige Silben betonte er derart, als wäre er traurig, zu hören, wie sie verklingen. Es lag eine gewisse Melodik in der Stimme des Egots. Eigentlich reimte er mehr, als dass er redete, etwa so wie ein Shakespeare'scher Schauspieler an einem kühlen Herbstabend.

Aber der Egot sprach leise. Er hatte so ein feines Stimmchen. Eine kleine Stimme in meinem Kopf.

Diese kleine Stimme machte mich sprachlos.

Wie ein in Gedanken versunkener

Philosoph schürzte der Egot seine Lippen und wartete auf meine Antwort. Aber ich befand mich in einer Art paralytischem Schockzustand. Auch wenn ich gewollt hätte, ich hätte nicht antworten können. Darum verschränkte der Egot mit beleidigtem Gesicht seine Arme und fuhr fort:

»Ich erzähle dir nur, was du hören willst.« schnurrte er. Er zog das Wort „erzähle" derart in die Länge, dass das „äh" fünffach widerhallte: »erzäh- äh-äh-äh-äh- äh-le«.

»Du möchtest dich doch nicht wirklich der Zivilisation unterordnen. Nein, nein. Du willst ein Wilder sein. Ich glaube, du willst wie ein sich von Baum zu Baum schwingender Affe zwischen den Tischen herumspringen. Wenn du überzeugt davon wärst, dass man dir das durchgehen lassen und niemand dich verurteilen würde, würdest du es dir nicht zwei Mal überlegen.«

Das war ein Moment der Klarheit. Gleißend heller ungetrübter Klarheit. Stille. Außerhalb von Zeit und Raum. Bitte erlauben Sie mir, das zu erklären...

Ich bin ein großer Verehrer des

altchinesischen Philosophen Lao Tzu, dem Gründer des Taoismus. Er war ein weiser alter Mann. Er hatte Haare, so weiß wie frischgefallener Schnee und in seinen Augen lag mehr Tiefe als in jedem Ozean der Erde. Nun, Lao Tzu hat einmal gesagt: *Andere zu kennen ist Weisheit, aber sich selbst zu kennen ist Erleuchtung.*

Lieber Leser, liebe Leserin, genauso habe ich empfunden. In diesem Moment wurde mir klar, dass ich mich selbst „kannte". In diesem Moment fühlte ich mich „erleuchtet".

Alles war klar. Es war klar, dass ich in einem Käfig gelebt hatte. Es war klar, dass ich mir meine Freiheit nehmen konnte. Es war klar, was ich tun musste. Der Egot war meine Offenbarung. Plötzlich wurde mir alles klar.

Ich erinnere mich an ein Gefühl der irdischen Losgelöstheit, als hätte ich die physische Daseinsebene verlassen. Meine Beine hoben meinen Körper empor, mein Körper stand aufrecht und mein Geist stand still. Mein Körper entzog sich meiner Kontrolle. Ich beobachtete, wie er sich befreite, wie er auf unseren gemeinsam benutzten Schreibtisch hüpfte. Wie er sich wie ein wilder Affe mit den Fäusten auf die Brust trommelte. Und wie er sich aufblähte, wie ein prahlerischer Superheld.

Meine Ohren vernahmen den entfernten Klang von Beethovens neunter Sinfonie. Geigentöne untermalten melodisch den Tanz, den ich nun zum Besten gab. Mein Körper vollführte eine Pirouette.

Weiße Papierblätter wurden unter meinen Füßen aufgewirbelt und flatterten wie die Gischt eines aufgewühlten Ozeans um meine Schienbeine herum. Ich empfand ein überwältigendes Glücksgefühl.

Wie ein Pfeil schoss ein Bein hoch und zeigte mit der Fußspitze auf das danebenstehende Pult. Während ich mein Kinn graziös mit einer pompös anmutenden Geste empor reckte, verharrte ich absolut bewegungslos in dieser Position. Dann sprang ich mit einem nach vorne und einem nach hinten gestreckten Bein wie ein Springbock in Zeitlupe ab. Beethovens Neunte ergoss sich glorreich durch meine Gehörgänge. Geigen mischten sich mit Violinen und gesellten sich zu Cellos, die wiederum bei den Geigen einstimmten.

Das tiefe Summen der Kontrabässe begleitete das Pfeifen der Flöten. Mit beiden Füßen zusammen landete ich; ein Engel der Lüfte, ein Dämon der Meere. Mein Geist trieb auf der Oberfläche eines unermesslich großen Ozeans. Meine Beine sprangen weiter durch die unendlichen Weiten der Luft. Immer schneller werdend hüpfte ich von Tisch zu Tisch; immer schneller, immer höher. Ich konnte meine Affenseele sehen. Ich konnte die Affenschreie hören, die aus meinem offenen Mund drangen.

Als die Bässe ihr Kriegsgeschrei erklingen ließen, hörte ich, wie Beethovens Neunte ihr erstes Crescendo erreichte. Flöten vereinten sich mit Klarinetten, Trompeten und Hörner ertönten in ungezügelter Ekstase.

Ich jaulte wie ein Esel beim sexuellen Höhepunkt. Meine Lungen füllten sich mit purem Geist.

Erlösung, Ruhm und Befreiung.

Ich landete auf allen Vieren und sah aus wie ein Bison. Meine Schultern wölbten sich aus meinem Rücken und meine Schulterblätter standen hoch wie Hörner. Ich hüpfte wie ein riesiger Frosch und stampfte zwischen den Schultischen herum wie eine Herde wildgewordener Büffel, wobei ich mit umgefallenen Stühlen, erschrockenen Schülern und allerlei zertrümmerten Dingen eine Spur der Verwüstung hinterließ.

Beethovens Neunte schrie nach Erlösung, Ruhm und Befreiung. Es war ein leidenschaftlicher Schrei, ein wuterfüllter Schrei.

»Yew! Yew! Yew! » schrie Frau Brown. »Yew! Yew! Yew!«

Frau Brown hatte, die ganze Zeit, seitdem ich aufgestanden war, geschrien. Aber ich befand mich auf einer anderen Daseinsebene und hatte nichts gehört.

Die Stimme meiner Lehrerin durchbrach den mich umgebenden Äther, ließ meine Euphorie zerplatzen und brachte mich inmitten der Scherben meines zerbrochenen Stolzes auf den Boden der Tatsachen zurück. Links von mir blutete eine kleine Rechenmaschine schwarze Tinte, ein wackeliger Tisch schaukelte wie ein nüchterner Süchtiger vor und zurück, und die Erde einer Topfpflanze verteilte sich über den ganzen Vinylboden. Rechts von mir heulte Aisha Ali in ihren Kragen, Tina Thompson rieb sich ihr Schienbein und der fette Schmitt hielt sich den Bauch.

»Yew! Yew! Yew!« schrie Frau Brown.

(Ich werde übrigens »Yew« genannt. Ich glaube, das zu erwähnen, habe ich vergessen.)

»Yew! Was um Himmels Willen tust du da? Was ist in dich gefahren? Ich ..., ich ..., ich ...«

Frau Brown stotterte die Worte hervor, fuhr sich mit ihrer Hand an die Kehle, hustete Kreidestaub aus und verschluckte sich dann an einer gehörigen Portion Luft.

Sie schüttelte ihren Kopf.

»Du bist doch sonst so ein artiger Junge!«

Sie blies die Luft heraus.

»Etwas Derartiges habe ich noch nie erlebt. Was zum Teufel ist in dich gefahren? Sieh dir das Klassenzimmer an, sieh es dir an! Ich ...ich... ich kann es einfach nicht glauben! Oh mein Gott!«

Ich sah mich um.

Der Anblick der Trümmer meiner Befreiung schmerzte meine getrübten Augen. Die Scham über meine Befreiung durchflutete meine staubigen Adern und mein siegreicher Körper wurde zum leeren Gefäß für einsame Tränen.

»Ich bin nicht wütend«, seufzte Frau Braun. Sie war so eine liebenswerte Person, so warmherzig, darum versetzte mir ihre Enttäuschung einen Stich.

Es war eine schlimme Art der Enttäuschung, die sich durch die in mich gesetzten Erwartungen und die Ernsthaftigkeit meiner Lage noch verschlimmerte. Und es war auch eine überwältigende Art der Enttäuschung. Sie drückte mich nieder, stellte meine Welt auf den Kopf. Ignoranz ersetzte Erleuchtung. Dunkelheit ersetzte Licht. Dichte ersetzte Schwerelosigkeit.

Meine Euphorie musste einer Art Todesangst weichen, die mich durch - und durchschüttelte und mich bis in mein Innerstes erzittern ließ. Das Klopfen meines unruhigen Herzens blies Beethovens Neunte weg. Gelähmt von der Enttäuschung meiner Lehrerin und erstarrt von meinem eigenen Angstgefühl wurde ich in ein schwarzes Loch in das Zentrum meines Seins gesaugt. Ich fühlte mich in der Falle, klein und unbedeutend.

»Enttäuscht.« wiederholte Frau Braun. »Yew! So solltest du dich nicht benehmen. So etwas erwartet die Gesellschaft nicht von dir.«

Frau Braun schüttelte den Kopf und wirbelte damit Kreidestaub durch die Luft. Im Licht leuchtete er gleißend weiß. Er glitzerte.

Frau Brown nickte.

Dann schickte sie mich zum Direktor.

KAPITEL ZWEI

Das Büro des Direktors hatte mir noch nie gefallen. Von ihm schien einfach so eine brutale Art von Neutralität auszugehen. Ich war fest davon überzeugt, dass seine eierschaldünnen Wände und die unscheinbaren Stühle mich mit ihrer Lieblichkeit angreifen wollten.

Für mich, liebe Leserin und lieber Leser, war der Ort die Inkarnation des Fegefeuers; weder gut noch böse, aber ein Durchgang, der zu großen Belohnungen oder sogar noch größeren Bestrafungen führte.

Wie in allen Fegefeuern, realen oder imaginären, war es die Warterei, die einen fertigmachte. Ich musste dort über eine Stunde sitzen und vertrieb mir die Zeit mit Däumchen drehen und dem Durchblättern einer Hochglanzausgabe der internationalen „Gideon Bibel". Unser Direktor, Herr Grunt, hätte sofort mit mir sprechen können, aber er zog es vor, es nicht zu tun.

»Sag schon, Yew«, ermunterte er mich schließlich. »Wir können dich hier nicht den ganzen Tag herumsitzen lassen. Heraus mit der Sprache, Junge! Sag mir, warum du hier bist. Siehst du nicht, dass ich beschäftigt bin?«

Herr Grunt starrte mir in die Augen.

Der Egot rollte seine Augen.

Ich schoss hoch. Meine Zähne klapperten so stark, dass mich zwingen musste, meinen Kiefer zu öffnen, bevor es mir gelang, zu sprechen: »Frau Braun hat mich geschickt, Herr Direktor«, flüsterte ich.

»Ja, natürlich hat sie das. Und warum, wenn ich mir die Frage erlauben darf, hat sie dich hierhergeschickt?«

»Weil ich mich wie ein Wilder benommen habe, Herr Direktor. Ich bin wie ein Affe zwischen den Tischen herumgesprungen und habe gestampft wie ein wilder Büffel.«

»Yew! Yew Shodkin!« japste Herr Grunt. Er klang eher überrascht als verärgert.

»Warum um Himmels Willen hast du das getan? Ach du meine Güte! So sollte man sich nicht benehmen. Was ist nur über dich gekommen? Du bist doch sonst so ein artiger Junge!«

Ich sah hinunter auf meine Zehen.

»Die Kreatur, die in meinem Gehirn lebt, hat mir gesagt, dass ich es tun soll«, erwiderte ich zögernd. »Sie war sehr überzeugend.«

Der Egot nickte weise und zupfte sich am Kinn. Er sah aus, als ob er über die Situation nachdenken würde; als ob er Beweise sammele, die er zu einem späteren Zeitpunkt vorbringen könnte. Aber er sagte kein Wort.

Herr Grunt sah erstaunt aus. Er schielte so sehr, dass seine ungepflegten Augenbrauen sich berührten. Sie sahen wie ein verwilderter Busch aus.

Herr Grunt schien nicht zu wissen, was er sagen sollte. Er klopfte einfach mit seinem Finger auf den Schreibtisch. Dann sah er durch ein merkwürdig aussehendes Kunststofffenster nach draußen.

»Du glaubst also, dass die kleine Kreatur in deinem Gehirn lebt?« fragte er schließlich. »Und die Kreatur sagt dir, was du tun sollst?«

»Nein, Herr Direktor«, antwortete ich. «Normalerweise sagt sie mir nicht, was ich tun soll. Sie hat vorher noch nie gesprochen.«

»Aber du bist davon überzeugt, dass in deinem Gehirn eine Kreatur lebt?«

»Ja, natürlich. Sie hat immer dort gelebt.«

»Und diese Kreatur hat dir gesagt, dass du dich wie ein Wilder aufführen sollst?«

»Naja, sie hat es mir nicht wirklich „gesagt", Herr Direktor. Sie hat mich sozusagen auf die Idee gebracht. Sie hat mich davon überzeugt, dass es das ist, was *ich* wirklich tun will.«

Herr Grunts Augen wurden zu durchsichtigen Kugeln, in denen sich gemischte Gefühle widerspiegelten: Neugier, Verwirrung und Horror; Nachdenklichkeit, Überlegung und Betrübnis.

Er sah auf seinen Schreibtisch hinunter, um meine Aufmerksamkeit auf sich zu ziehen. Und dann schrieb er etwas Unleserliches auf einen einfachen Notizblock aus recyceltem Papier.

Seine linke Körperhälfte zuckte.

Ein Haar fiel von seiner Nase.

»Nun ja, ehm«, sagte er.

Ich nickte.

Der Egot nickte.

Ein Insekt nickte.

»Nun, mein lieber Junge, ich glaube dann

müssen wir dafür sorgen, dass dir geholfen wird. Mach dir keinerlei Sorgen. Wir werden uns gut um dich kümmern! Wir stehen auf deiner Seite!«

KAPITEL DREI

Als meine Mutter mich an der Schule absetzte, küsste sie mich auf die Wange. Sie küsste mich immer auf die Wange, wenn sie mich zur Schule brachte. Immer umarmte sie mich und immer sagte sie:

»Sei ein braver Junge, mein Engel. Tu nichts, was ich nicht auch tun würde!«

Ich sah sie an. Ihre Schulterpolster, mit denen ihre Strickjacke ausstaffiert war, die Leberflecken auf ihren Händen und ihre Augen, die so verdammt ernst dreinschauten. So ehrlich. So unendlich vollkommen liebevoll.

Ich lächelte. Und ich bahnte mir meinen Weg zum Zimmer der Krankenschwester, wo ich in einem Zustand verständnisvollen Schweigens wartete.

Der Geruch antiseptischer Mittel brannte in meiner Nase und machte mich schwindelig. So war das mit dem Krankenschwesterzimmer; dort ging man hin, um sich besser zu fühlen, aber oft fühlte man sich schlechter. Der Raum war steril. Er glänzte zu sehr. Er war einfach etwas zu sauber, um sich darin wohl zu fühlen.

Dr. Saeed kam herein, setzte sich auf einen dünnbeinigen Stuhl mit Armlehnen und sagte dann:

»Wir werden etwas spielen«, begann sie. »Man nennt es »Wortassoziationen«. Ich werde ein Wort sagen und möchte, dass du mit dem ersten Wort antwortest, das dir in den Sinn kommt.

»Hast du verstanden?«

Ich nickte.

»Ok, lass es uns versuchen...«

Dr. Saeed sah nicht wie eine richtige Ärztin aus. Sie umgab kein muffiges Gemisch aus Macht und Mitgefühl, das die meisten Mediziner wie ein Nebel umweht. Und sie trug weder ein Stethoskop noch einen Kittel. Sie untersuchte mich auch nicht. Sie redete nur und spielte Spielchen. Aber für mich war das in Ordnung. Wenn ich die Spielchen mitspielte, bräuchte ich nicht zum Mathematikunterricht zu gehen!

»Eis»« sagte sie mit dem ernsten Ausdruck einer verständnisvollen Professorin.

»Creme«, antwortete ich.

»Monster.«

»Furchterregend.«

»Real.«

»Ich.«

»Glauben machen.«

»Cartoons.«

»Löwe.«

»Gebrüll!!!«

»Wilder.«

»Frei.«

»Apfel.«

»Orange.«

»Tatsache.«

»Unterricht.«

»Fiktion.«

»Cartoons.«

»Kleine Kreaturen.«

»Cartoons!«

Während wir spielten, füllte Dr. Saeed ein Formular aus; wie zufällig kreuzte sie kleine Kästchen an und kritzelte dazu Notizen.

Sie hielt inne. Einen ganz kurzen Augenblick sah sie zu mir hoch. Ihr Gesicht war äußerst ernst. Ernst und abwesend.

Dann entspannte sich ihr Gesichtsausdruck. Es schien, als würde Dr. Saeed jeden Moment lächeln. Aber sie widerstand der Versuchung und behielt ihren teilnahmslosen Ausdruck.

»Okay«, sagte sie. »Ich werde dir einige Bilder zeigen. Ich möchte, dass du mir sagst, was du siehst.«

Ich nickte.

Der Egot runzelte die Stirn. Seine rote Stirn verfärbte sich in eine Farbe zwischen Purpurrot-Braun und Magnolien-Rosa. Er sah aus, als wäre er tief in Gedanken versunken; als beurteile er Dr. Saeed. Aber er sagte kein einziges Wort. Er beschleunigte einfach die Wege meiner Gedankenbahnen, wobei er mit dem Kopf nickte und seine Schnurbarthaare zwirbelte.

Dr. Saeed legte einen Stapel von DIN A4-Karten auf ihren Schoß, deckte dann die erste Karte auf und hielt sie sie vor ihren Busen. Darauf waren ein Hund und eine Katze zu sehen, die beide dem gleichen Ball nachjagten.

Ich sah Dr. Saeed wieder an.

»Was siehst du?« fragte sie.

»Ein Bild«, antwortete ich.

»Ja, mach weiter ...«

»Ich sehe ein Bild.«

»Was sieht man auf dem Bild?«

»Eine Katze und einen Hund.«

»Und was tun sie?«

»Sie jagen einem Ball nach.«

»Was fühlst du dabei?«

»He?«

»Was für Gefühle hast du, wenn du dir dieses Bild ansiehst?«

 »Ich fühle nichts.«

»Überhaupt nichts?«

»Nein, es ist voll blöd. Katzen jagen doch keinen Bällen nach!«

Dr. Saeed nickte. Sie blätterte durch ihre Karten auf denen gewöhnliche Szenen zu sehen waren. Und sie fuhr fort, ihre gewöhnlichen Fragen zu stellen.

Dann zeigte sie mir das Bild eines kleinen Jungen. Auf einer seiner Schultern stand ein kleiner Engel und auf der anderen ein kleiner Dämon.

Ich sah zu Dr. Saeed auf.

»Was siehst du?« fragte sie, meine Aufmerksamkeit wieder auf sich lenkend.

»Einen Jungen mit einem Engel und einem Dämonen auf seinen Schultern.«

»Und was bedeutet das?«

»Bedeuten?«

»Was für einen Sinn hat das?«

»Es ist ein Bild«

»Aber was versucht dir das Bild zu sagen?«

Ich kicherte. Es war ein unbeabsichtigtes Kichern, wie es manchmal aus einem herausplatzt; es war ein mädchenhaftes Kichern; ebenso ohrenbetäubend schrill wie warmherzig und nett. Es war beschämend. Darum schluckte ich es so schnell wie möglich herunter. Und dann antwortete ich der Frau Doktor mit überheblich klingender Stimme:

»Bilder reden nicht«, sagte ich. »Bilder sagen überhaupt nichts.«

Der Egot grinste.

Dr. Saeed stöhnte.

»Warum glaubst du steht ein Engel auf der Schulter des Jungen?«

»Was?«

»Der Engel und der Dämon stehen beide bei dem Jungen. Wenn Leute normalerweise zusammenstehen, fangen sie an, sich zu unterhalten. Glaubst du, dass die Figuren auf diesem Bild eine Unterhaltung anfangen?«

»Keine Ahnung.«

»Du weißt es nicht?«

»Nun ja, vielleicht. Ich kann es nicht sehen, aber ich glaube, es wäre möglich.«

Dr. Saeed legte ihre Karten auf ihren Schoß zurück.

»Haben jemals Engel oder Dämonen zu dir gesprochen?« fragte sie.

»Nein«, antwortete ich. »Ich habe noch nie einen Engel oder einen Dämonen gesehen. Nicht im richtigen Leben.«

Dr. Saeed atmete tief durch.

»Yew«, sagte sie. »Letzte Woche hast du Herrn Grunt erzählt, dass ein Dämon dir gesagt hätte, dass du dein Klassenzimmer zerstören sollst. Stimmt das?«

»Nein«, erwiderte ich. »Das habe ich nicht gesagt. So war das nicht.«

Ich meinte, was ich sagte. Für mich war der Egot kein *„Dämon"*. Er war ein Freund. Und er hatte mir nicht gesagt, dass ich das Klassenzimmer zerstören solle. Er hatte vorgeschlagen, mich wie ein Wilder aufzuführen. Das ist ein Unterschied. Ein sehr großer Unterschied.

»Yew?«

»Ja.«

»Sagst du die Wahrheit?«

»Ja, Frau Doktor.«

»Also hast du deinem Direktor nicht erzählt, dass du eine Stimme in deinem Kopf hörst?«

»Doch, das habe ich ihm erzählt.«

»Und gehörte diese Stimme einem Dämonen?«

»Nein, keinem Dämonen.«

»Woher kam die Stimme?«

»Von einer Kreatur.«

»Von was für einer Kreatur?«

»Einer komischen Kreatur, aber einer netten.«

»Und hat diese Kreatur zu dir gesprochen?«

»Ja.«

»Und lebt sie in deinem Kopf?«

Dr. Saeeds Fragen fingen an, mich aufzuregen. Ich fühlte mich wie bei einem Verhör, wie ein Angeklagter in einem Gerichtssaal. Ich saß auf der Anklagebank und Dr. Saeed war mein Ankläger. Der Galgen stand bereit. Eine freche Bemerkung konnte die Meinung über mich beeinflussen. Ich sagte kein einziges Wort.

Dr. Saeed bewegte sich keinen

Zentimeter.

Der Egot schlidderte durch die Korridore meines Geistes, rutschte eine Gardine hinunter und fuhr sich mit einer spindeldürren Klaue durch sein leuchtend gelbes Haar. Dann sah er so aus, als ob er endlich bereit sei, zu sprechen. »Nun ... hallo!« sagte er mit seiner ruhigen Stimme, wobei er zum Aussprechen des Wortes „nun" volle fünf Sekunden brauchte und das Wort „hallo" wie ein Echo hallen ließ. »Wenn du hier raus willst, solltest du wohl besser meine Existenz leugnen. Du könntest der lieben Frau Doktor ja erzählen, dass du mich erfunden hast. Meiner Meinung nach werden die denken, dass du verrückt bist, wenn du ihnen die Wahrheit sagst. Und mit Verrückten machen sie schlimme Sachen. Schlimme, schlimme Sachen. Nein, ich glaube nicht, dass dir das gefallen würde. Nein, nein.«

Es wurde von mir erwartet, die Wahrheit zu sagen. So benehmen sich artige Jungs.

»Schlimme, schlimme Sachen«, wiederholte der Egot. Er ließ seinen Bauch hüpfen wie einen Ball.

Sie stecken Verrückte in Zwangsjacken in gepolsterte Zellen. Sie füttern ihnen Haferschleim. Klebrigen, grauen Haferschleim. Nichts Anderes als nur Haferschleim. Und jeden Tag bekommen sie Elektroschocks verpasst.

»Schlimme, schlimme Sachen. Nein das würdest du dir nicht wünschen.«

Der Egot entfernte ein Stück Hühnchen von seiner Kralle und wie eine Katze im Sack versank er wieder in meiner Gehirnmasse.

»Ich erzähle dir nur, was du hören willst«, sagte er, ohne hochzuschauen. »Du kannst damit davonkommen. Du kannst diese schlimmen Dinge vermeiden.«

Dr. Saeed räusperte sich.

»Und die Kreatur lebt in deinem Kopf?« wiederholte sie.

Ich sah hinunter auf meine Füße.

»Nein, Frau Doktor«, antwortete ich.

»Wo lebt die Kreatur?«

»Es gibt keine Kreatur, Frau Doktor.«

Ich machte eine Pause, um meiner Antwort mehr Nachdruck zu verleihen.

»Ich habe es mir ausgedacht, Frau Doktor. Es tut mir leid.«

Mein Körper wusste nicht, wie er reagieren sollte. Mein Herz schlug gegen meine inneren Organe; *Bumm! Peng! Bumm, Bumm, peng!* Mein Magen vibrierte. Mein Brustkorb zuckte.

Ich fühlte mich unwohl. Ich fühlte mich krank.

»Wirklich, Yew?«

»Ja, Frau Doktor, wirklich. Ich wollte keine Verantwortung für das übernehmen, was ich getan habe. Ich war sehr ungezogen, ich schäme mich wirklich sehr.«

Dr. Saeed blieb ruhig sitzen; sie starrte mich mit diesen ernsten Augen und dem unbeteiligten Gesicht an.

Ich war auch ruhig.

Wie Lao Tzu zu sagen pflegte: *Stille ist die Quelle großer Kraft.*

Nun ja, „*große Kraft*" wollte ich zeigen.

Und im Endeffekt funktionierte es. Dr. Saeed unterbrach die Stille bevor ich es tat:

»Hast du jemals Stimmen gehört? fragte sie mich, nachdem viele Minuten vergangen waren. «Hast du jemals Stimmen in deinem Kopf gehört?«

»Nie«, log ich. »Nicht ein einziges Mal.«

KAPITEL VIER

Jede Woche einmal musste ich zu Frau Dr. Saeed gehen.

Sie ging sanft mit mir um und befragte mich, wie ein gesprächiger Detektiv. Aber ich glaube nicht, dass ich selbst je viel gesagt habe. Die meiste Zeit verbrachte ich damit, mit dem hölzernen Spielzeugzug der Frau Doktor zu spielen. Das Ding faszinierte mich. Ich liebte seine drehenden Räder und den dumpfen Klang, den sie machten.

Dr. Saeed machte sich viele Notizen. Und ich meine, *viele* Notizen. Berge von Papier! In gebundenen Notizbüchern und auf leeren Notizblöcken. Sie benutzte gewöhnliche Tinte und schieferfarbene Bleistifte. Ihre endlosen Schmierereien füllten zahllose Seiten. Ihr hin und her wandernder Stift schuf ein nicht endendes Labyrinth von verworrenen Linien.

Dann, als ein Jahr vergangen war, packte Dr. Saeed diese Notizen weg, sie machten sich sozusagen aus dem Staub und kamen nie wieder zum Vorschein. Danach musste ich wieder am Mathematikunterricht teilnehmen.

Es war mir nicht ganz klar, warum Dr. Saeed aufgehört hatte und gegangen war. Aber ich glaube, der Egot hatte etwas damit zu tun. Er war mein Führer. Er half mir die Fallen sicher zu umgehen, die in Dr. Saeeds ungefährliche erscheinenden Fragen verborgen waren.

Der Egot hatte angefangen, mich regelmäßig zu besuchen. Seine weisen Ratschläge hatten mich vor brenzligen Situationen bewahrt. Und sein schelmisches Temperament hatte dafür gesorgt, dass meine Selbstzurückhaltung nachließ. Ich begann all die Dinge zu tun, die ich, ganz tief drinnen, schon immer tun wollte, für deren Umsetzung in die Tat mir aber bisher der Mut gefehlt hatte.

Bitte verstehen Sie, liebe Leserin und lieber Leser, dass ich nur von kleinen Dingen rede. Es wurde gesagt, dass kleine Dinge den einfachen Geist belustigen. Vielleicht *hatte* ich ja einen einfachen Geist. Aber Lao Tzu sagt: *Strebe nach Größe in den kleinen Dingen*. Und ich denke, das war es, was ich versuchte, zu tun.

An einem Morgen beispielsweise, wartet

unsere Klasse darauf, zu einer Versammlung zu gehen. Unser Lehrer in dem Schuljahr, Herr O´Donnell, hatte das Klassenzimmer verlassen. Das nutzte ich aus. Ja, das tat ich! Ich brachte alle Mädchen in unserer Klasse dazu, sich breitbeinig hinzustellen. Und dann rutsche ich auf dem Rücken liegend unter sie.

Gavin Gillies machte mit. Man konnte sich immer auf Gavin verlassen, wenn es darum ging, Spaß zu haben. Der Junge war so ein prima Kerl. Sein Sinn für Streiche stand meinem kaum nach. Und er hatte immer die besten Pausenbrote, die er mit all seinen Freunden teilte. Ja, ich mochte Gavin wirklich.

Auf jeden Fall rutschten Gavin und ich zwischen die Beine der Mädchen. Wir sahen alle ihre Unterhöschen. Wir haben sie wirklich gesehen!

Die Unterhose von Amy McLeish waren rosa mit weißen Tupfen. Die von Kelly Evans schien aus dem letzten Jahrhundert zu stammen; ein Riesending mit der Farbe einer braunen Papiertüte. Und Chantelle Stevens trug einen winzigen *Thong*. Sie war erst sieben Jahre alt, das freche kleine Ding!

Es war beinahe eine Vergewaltigung; eine Vergewaltigung dieser Mädchen und eine Vergewaltigung der Erwartungen der Gesellschaft. So etwas durfte man einfach nicht tun! Aber ich fühlt mich großartig. Ich fühlte mich so, als ob ich ein dringendes Bedürfnis befriedigt hätte. Es war als hätten Gavin und ich das Tier in uns losgelassen; unser wahres wildes *Ich*»

Der Egot hatte mich ermutigt, es zu tun.

»Du würdest gerne ihre Unterhosen sehen«, hatte er angefangen, während er an meinem Gehirnstamm lehnte. »Das könnte deine einzige Gelegenheit sein. Sie werden dich nicht bestrafen. Und es wird dir gefallen. Denk an all die hübschen kleinen Höschen.«

Der Egot sprach so ruhig, dass er meine ungeteilte Aufmerksamkeit hatte. Ich fühlte ich mich angezogen von der Gleichgültigkeit mit der er sprach, als würde ihn meine Anwesenheit nicht kümmern. Die süße Melodik in seiner Stimme versetze mich in einen Trancezustand. Er benebelte mich. Er warf mich zu Boden und wirbelte mich unter diese unberührten Schenkel und jungfräulichen Leisten; ich sog ihre Weiblichkeit ein und in meiner dickköpfigen Blödheit frohlockte ich.

Aber es wäre falsch, den Egot für mein Benehmen verantwortlich zu machen. In Wahrheit wollte *ich* den Mädchen unter die Röcke schauen. Ich verspürte den unersättlichen Drang, mich der verbotenen Frucht zu nähern. Der Egot hatte mir geholfen, meine unterdrückten Instinkte zu befreien, aber er hatte mich nicht in eine andere Person verwandelt. Weit gefehlt.

Lao Tzu sagt: *Wenn du, ohne dich mit anderen zu vergleichen oder zu messen, damit zufrieden bist, du selbst zu sein, wird dich jeder respektieren.*

Nun, Ich war *ich selbst*. Mein richtiges Selbst. Und ich glaube, meine Klassenkameraden haben mich dafür wirklich „respektiert".

Niemand erzählte Herrn O'Donnell, was wir getan hatten. Genau wie es der Egot vorausgesagt hatte, kamen Gavin und ich mit unseren Indiskretionen davon.

Während der folgenden Monate kam ich

noch mit vielen Dingen davon.

Ich schaffte es, Rotznase McGills Klassenarbeit abzuschreiben. Ich aß einen Schokoriegel auf, den ich von Herrn McDonnells Schreibtisch geklaut hatte. Und ich wurde nicht geschnappt, als ich in einen Blumentopf pinkelte. Zwei Mal! Als ich es zum dritten Mal tat, wurde ich allerdings erwischt.

»Mach ein unschuldiges Gesicht«, riet mir der Egot. Sein eigenes Gesicht verblasste von einem schuldigen Rot zu einem zarten Rosa. »Sag Herrn O´Donnell, dass es dir leidtut. Du konntest es dir nicht mehr verkneifen. Du wirst es nie wieder tun. Ich bin sicher, er wird es verstehen. Ja, ja.«

Herr O´Donnell hörte zu, als ich die Worte des Egots wiederholte. Er verdrehte die Augen und fuhr dann mit dem Unterricht fort. Belustigtes Lächeln huschte über die käsigen Gesichter meiner Klassenkameraden. Ihr unterdrücktes Kichern klang in meinen Ohren. Ich bin sicher, dass sie mit mir und nicht über mich lachten. Ich fühlte mich so stolz! So rebellisch! So verdammt noch mal unbesiegbar!

Ich blähte meine Brust auf. Ich fühlte mich wie der König meines Schlosses und der Anführer meiner Klasse.

Als ich das fünfte Mal in den Blumentopf pinkelte, wurde ich wieder erwischt. Als Strafe musste ich zwei Wochen lang einen Nachttopf benutzen. Das war ganz schön peinlich. Es brachte mich mit einem gehörigen Knall auf den Boden der Tatsachen zurück.

Die Pflanze ging ein.

Ich hörte auf, in der Öffentlichkeit zu urinieren.

Und ich bekam auch weiterhin kleine Strafen.

Ich musste mich gegenüber einem schweißtreibenden Heizkörper mit gekreuzten Beinen auf den Boden setzen, damals benutze ich den Ärmel von Schlafmütze Samson als Taschentuch. Mein Gesicht wurde so knallrot, wie das Rotlicht einer Prostituierten und meine Beine schliefen vollkommen ein. Aber innerhalb von dreißig Minuten saß ich wieder an meinem Schreibtisch.

Wenn ich furzte, musste ich still sitzen bleiben. Aber um mich selbst zu bestätigen und um mich gegen das System aufzulehnen, flüsterte ich trotzdem mit meinen Freunden. Der Egot sagte mir, dass ich es tun sollte. Er streckte seine Brust heraus und ich tat es ihm gleich.

Ich wurde dazu verdonnert, ein Buch zu lesen, während meine Klassenkameraden draußen etwas über Pflanzen lernten, weil ich während einer Schulversammlung richtig laut gefurzt hatte. Um die Wahrheit zu sagen, es war ein besonders stinkender Furz. Das war etwas unartig und brachte den Egot zum Lachen.

Aber keine dieser Bestrafungen hielten mich jemals davon ab, auf den Egot zu hören.

Bei einem misslungenen Versuch, den Mathematikunterricht zu unterbrechen, ermutigte der Egot mich, die Kreide zu verstecken. Er forderte mich auf, die Uhren zu verstellen, um die Schule eine Stunde früher verlassen zu können. Das hätte fast geklappt. Und er ermutigte mich, Strähnen aus Stacey Faircloughs Haar zu schneiden.

Naja, mir kam es vor, als ob ich ihr einen Gefallen getan hätte. Sie sah, immer, wenn ihre Haare kurz waren, so süß aus.

Mit all dem und noch mehr kam ich davon. Ich fühlte mich verdammt noch mal ziemlich unbesiegbar.

Ich fühlte mich wirklich verdammt großartigg.

KAPITEL FÜNF

Jedes Mal, wenn ich dem Egot zuhörte, fühlte ich mich etwas freier. Etwas glücklicher.

Der Egot war meine Droge. Wenn ich seine Vorschläge befolgte, wurde ich high. Natürlich, erwischt zu werden war wie ein Absturz; miserabel, übel, einfach schlimm. Aber ich wurde meiner Scham gegenüber gleichgültig, ich überwand meine Schuld und ich überlebte meine Bestrafungen. Ich wollte immer noch mehr. Ich *lechzte* nach immer mehr.

Ich war süchtig.

Aber all das änderte sich, als ich eine Überdosis der Ratschläge des Egots befolgte...

Es geschah an einem kühlen Frühlingsmorgen; an einem dieser taufrischen Tage, an denen der Boden leuchtet und die Luft so unendlich frisch ist. Ich jedoch musste drinnen hocken und mir wurde klar, wie erdrückend die Schule war. Ich bin wie ein Vogel, verstehen Sie? Ich muss frei fliegen können. Ich brauche Raum und Freiheit. Und damals war es wichtig für mich, ein Kind sein zu dürfen; sich zu freuen wie ein Kind, zu lachen wie ein Kind und frech zu sein wie ein Kind. Stattdessen wurde ich gezwungen, hinter einem Schreibtisch zu sitzen, gefangen gehalten von vier unsensiblen Wänden und versklavt von der allmächtigen Autorität meiner Lehrer.

Ich nehme an, dass in mir selbst gefangen zu sein die von Richard Louv so genannte „Naturverbundenheitsstörung ausgelöst hat. Diese Störung entwickelt sich, wenn jemand nicht genügend Zeit im Freien verbringt. Die Naturverbundenheitsstörung kann, außer zu einer großen Anzahl von Verhaltensproblemen zu führen auch die Sinneswahrnehmung reduzieren, die Krankheitsanfälligkeit steigern und zu Konzentrationsstörungen führen. Gemäß Dr. Stephanie Wear kann das Gefühl in sich selbst gefangen zu sein für vermehrte Stresshormone, gesteigerten Blutdruck und erhöhte Herzfrequenz sorgen.

Aber wenn mich damals jemand gefragt hätte, wie ich mich fühlte, hätte ich die Dinge nicht auf diese Art und Weise intellektualisiert. Ich hätte die Vorlieben von

Louve oder Wear nicht erwähnt. Ich dachte anders.

Meine Probleme waren emotionaler Art. Ich *fühlte* sie. Ich fühlte mich bei der tröpfchenweise verabreichten Indoktrinierung nationaler Verhaltensweisen als säße ich in einer Falle. Ich kam mir in dem stickigen Klassenzimmer wie ein Gefangener vor. Und das Tragen einer Schuluniform und die Befolgung von Schulregeln erweckten in mir das Gefühl, meine Individualität zu verlieren.

Ich fühlte mich einfach nicht natürlich, nicht richtig. Ich wollte ausbrechen, wollte herumrennen und mich auf dem Spielplatz der Unendlichkeit austoben. Ich wollte jung sein. Ich wollte zu jener aussterbenden Art gehören: ein Kind in seiner natürlichen Umgebung.

Ich atmete ein, seufzte und schaute aus dem Fenster.

Ich sah einen Regenbogen. Mir erschien er wie eine Krone über dem Himmel. Er war wunderschön. Aufregend. Blendend.

Das Violett war so lebhaft! Das Blau so intensiv! Das Rot so echt!

Für meine begierigen Augen war der Regenbogen ein Fest. Er war für mich wie ein Wunder. Ich konnte seine Magie spüren. Ich war von seiner Mystik wie verzaubert.

Ich wollte aus unserem Klassenzimmer rennen und den Regenbogen fangen. Ich wollte die Gefäße voller Gold, die der Sage nach an jedem seiner Enden vergraben waren, ausgraben. Ich wollte mich in dem farbenfrohen Dampf des Regenbogens drehen und in seinem leuchtenden Dunst vor Freude herumspringen.

Ich wollte meine Schuhe ausziehen und das Gras zwischen meine Zehen fühlen.

Ich wollte im Regen tanzen.

Aber das konnte ich nicht. Ich musste drinnen bleiben, gefangen in diesem luftlosen Klassenzimmer. Erstickend. Ruhelos. Spannungsgeladen und eng.

Und so kam es, dass ich während Herrn O'Donnell siebenter Lektion über Partizipien anfing, laut zu lachen. Ich lachte des Lachens wegen. Tief aus dem Bauch heraus erklang ein Lachen nach dem anderen. Mein donnerndes Gelächter haute mich um. Starke Zuckungen zwangen meinen Körper, sich herumzuwälzen.

Ich befolgte den Rat des Egots:

»Lass los«, flüsterte er mir zu, während er sich an die flache Kappe tippte. Das Wort *los* echote vier Mal: »Los-los-los-los.«

»Brich aus, befreie dich! Sei der Junge, der du sein willst! Ja, ja!«

Darum begann ich zu lachen. Einfach so. Ich tat genau das, was der Egot mir vorgeschlagen hatte. Und es fühlte sich so richtig an! So gut! So natürlich!

Der Egot fing an, zu heulen.

Dann begann ich zu heulen. Ich heulte des Heulens wegen. Ich heulte wie ein blutrünstiger Wolf. Ich stieß ein nicht endend wollendes «Ah-wouuu« aus, das auf den Flügeln der Zeit bis hinauf in den Himmel schwebte. Ich befreite mein inneres Tier. Es war gemein. Es war animalisch. Und es fühlte sich großartig an.

«Ah-wou! Ah-wou! Ah-wouuu!«

Ich muss volle drei Minuten lang geheult haben.

Mit langsamen methodischen Schritten marschierte Herr O'Donnell durch das Klassenzimmer. Er blieb stehen. Dann stand er mit den Händen auf seine spitzen Hüften gestützt über mir.

Sein Schatten fiel auf mich. Sein Atem brannte in meinem Nacken. Er wartete so ruhig wie eine Wache, bis ich fertig war. Dann ging er zurück zum vorderen Teil des Klassenzimmers, wo er mit seinem Unterricht fortfuhr, als ob nichts passiert wäre. Aber ich bemerkte, dass er erschüttert war. Als er schrieb, zitterten seine Hände und als er sprach, stotterte seine Stimme:

»Was ist der Konjunktiv eines V-V-Verbs?« fragte er

»Sollten Sie das nicht wissen?« antwortete ich, wie vom Egot gefordert. »Sie sollten doch der Lehrer sein.«

Herr O´Donnell schnippte sein Stück Kreide.

Schlafmütze Sampson kicherte wie ein Kleinkind.

Aus dem Lautsprecher ertönte eine Durchsage:

»Daisy Schmitt: Bitte sofort zur Rezeption.«

Herr O`Donnell hielt inne. Er stand da mit seinen Händen auf den Hüften, während er darauf wartete, dass die Unterbrechung beendet wurde.

Der Lautsprecher rauschte.

Herr O´Donnell wollte gerade fortfahren, aber ich begann zu sprechen bevor er es konnte:

»Ich höre wieder Stimmen«, sagte ich.

Alle lachten.

Herr O´Donnell drehte durch.

»Yew!« schrie er. »Yew Shodkin! Ich habe die Nase voll von dir. Das ist deine letzte Verwarnung! Du bewegst dich jetzt auf dünnem Eis, Junge. Wenn ich heute auch nur noch einen Ton von dir höre, landest du schnurstracks bei Herrn Grunt. Es erwarten dich ernsthafte Disziplinarmaßnahmen! Oh ja!«

Aber das war mir egal. Ich befand mich immer noch in einem Ausnahmezustand; voller ruheloser Energie und unerfüllten Sehnsüchten. Ich fühlte mich immer noch gefangen. Ich verspürte noch immer den Drang mich zu befreien.

Als mir der Egot den Vorschlag machte, nahm ich also ein Holzlineal und ließ es vor Fettsack Schmitts Arm knallen.

»Juchhei!« jubelte der Egot. Seine Stimme war noch leise, auch wenn sie fröhlich klang, was ihr eine Art von untertriebener Ernsthaftigkeit verlieh.

Fettsack Schmitts Augen leuchteten auf.

Ich schlug auf seine Brust. Ich stach in seinen Arm. Ich fegte den Atem von seinem Mund.

Fettsack Schmitt schnappte sich sein Lineal.

»Touché!« jubelte er, als er es in meine Richtung stieß.

Gott, ich liebte diesen Jungen! Fettsack Schmitt war eine echte Legende. Eine Aura von Jovialität, wie sie oft den etwas Dickeren unter uns zu eigen ist, umgab ihn. Immer lag ein Lächeln auf seinen Lippen. In seinen Augen lag stets ein freches Zwinkern.

Ich schlug sein Lineal zu Seite und sprang auf die Füße.

»En Garde!«

Der fette Schmitt sprang hoch. Er bäumte sich auf!

Wir legten los.

Ich sprang mit nach unten geneigtem Kopf und ausgestrecktem Lineal vorwärts.

Fettsack Schmitt beugte sich zurück. Seine dicken kurzen Beinchen stolperten durch tausend winzige Schritte.

Er fing sich wieder. Er zwinkerte mir frech zu. Und dann ging er zum Angriff über; schwingend und schlagend ließ er sein Lineal durch die nonchalante Luft sausen. Ich bückte und duckte mich, tauchte weg; hüpfte in eine Richtung und dann in die andere.

Der Egot machte meine Bewegungen nach. Auf seinem Gesicht lag ein freudiges Lächeln. Seine Haare leuchteten. Seine rote Haut glänzte schweißüberströmt.

Wir schlidderten durch den Raum.

Damals schlidderten wir andauernd. Es war ein Ausdruck unserer Jugend; spaßiger als Laufen, graziöser als Rennen und schwereloser als Stillstehen.

Wir schlidderten an vollen Regalen, kränklich wirkenden Pflanzen und staunenden Schülern vorbei.

Wir schlidderten an der Schulmaus vorbei, die in einem winzigen Käfig eingesperrt war. Wir schlidderten an Tischen, Stühlen und Schränken entlang.

Und wir tanzten. Quietschende Stühle rutschten beiseite, als wir zwischen ihnen Walzer tanzten. Mädchen kreischten, als wir Schläge austeilten. Jungs jubelten, als mein Lineal Rippen, Trizeps und Hüften des fetten Schmitt traf, was er mit Schlägen auf meinen Bauch, mein Handgelenk und meine Nieren beantwortete.

Die erdrückenden Mauern schmolzen dahin. Buchstaben, Zahlen und Wörter schwebten davon in den Äther. Regeln, Bestimmungen und Verbote fielen wie Staub zu Boden.

Ich befreite mich von den Fesseln meiner Gefangenschaft. Ich brachte mich selbst zum Ausdruck. Und mehr als alles andere war ich ein Kind; ein Kind, das Spiele spielte, seine überschüssige Energie verbrauchte und dabei den tollsten Moment seines Lebens erlebte.

Der Egot erlebte den tollsten Moment seines Lebens.

Herr O´Donnell schrie:

»Yew Shodkin! Diesmal bist du zu weit gegangen! Oh ja!«

Er stolperte durch das Zimmer, fiel über

Stühle und rempelte Kinder an. Seine braunen Hosen schleiften über den gewachsten Linoleumboden. Seine Ärmel flatterten herum wie die Flügel eines Vogels.

»Du steckst jetzt in Schwierigkeiten, Ju-Junge!«

Herr O´Donnell stürzte sich auf mich, schnappte mich am Kragen und hob mich hoch, wie ein Adler eine Maus. Mein oberster Hemdknopf schnitt mir in den Hals. Meine Beine strampelten in der Luft.

Es war der Anfang von meinem Ende.

Meine Welt wurde auf den Kopf gestellt. Die in mir brennenden Funken der Freiheit, wurden von Herrn O´Donnells feuchtem Atem ausgeblasen. Die Füße meines Lehrers stampften in manischem Takt; losgelöst von Zeit und ohne Rhythmus. Meine Hoffnung wurde durch Angst ersetzt.

Herr O´Donnell schleppte mich nach draußen.

Wir marschierten los; durch kunststoffverkleidete Flure, die nach weißem Klebstoff rochen, um spitze Ecken herum und eine einsame Treppe hinauf. Die Schritte meines Lehrers hallten manisch;

ohne Takt und Rhythmus.

Die einfältigen Wände glotzten mich mit herablassender Kühle an.

Die Luft roch nach vergangenen Jahren.

Mein Herz hämmerte. Vorahnung echote zurück. Meine Nackenhaare sträubten sich. Meine Füße weinten Tränen aus Schweiß.

Und weiter ging es; durch die Straßen meiner Unzufriedenheit, die Durchgänge meiner ewigen Verdammung und die Labyrinthe meiner Schmach.

Wir marschierten weiter bis wir an Herrn Direktor Grunts Büro ankamen, wo wir stehenblieben und auf Anweisungen warteten.

»Na, wen haben wir denn da?« rief der Direktor mit tiefer Stimme.

«Der Junge hat es zu weit getrieben«, antwortete Herr O´Donnell. «Zu weit! Er hat sich wie wild gebärdet, sich geprügelt, Widerworte gegeben und geheult wie ein Wolf. Es ist Zeit für ein paar ernsthafte Disziplinarmaßnahmen. Oh ja!«

Herr Grunts Kopf pendelte hoch und runter.

»Ernsthafte Disziplinarmaßnahmen?«

echote er.

»Etwas Disziplin«, stimmte Herr O´Donnell zu. »Oh ja!«

Herr Grunt überlegte einen Moment. Seine buschigen Augenbrauen waren zusammengezogen, seine elefantenartige Haut in Falten gelegt.

Die Sekunden, die jetzt folgten, kamen mir vor wie kleine Stückchen Ewigkeit. Alles war ruhig. Selbst die Echos waren verstummt und auch der Wind hatte sich gelegt.

Meine Lehrer hingen über mir; mit ihrer negativen Energie erstickten sie mich und saugten allen Elan aus meinem zertrümmerten Selbst. Ich konnte ihre Auren spüren. Ich sah das Braun ihrer Selbst-Absorption, das von ihrem Stress verursachte dunkle Gelb und das schlammige Rot ihres Ärgers.

Der Ärger begann sich in Blasen aufzulösen. Rauch stieg aus ihren beschäftigten Nüstern auf und Lava durchströmte ihre blutunterlaufenen Augen.

Ich fühlte mich so klein! Ich kam mir vor wie eine Maus, die von einer geduldigen Katze in die Enge getrieben worden war.

Meine Angst strangulierte mich. Meine Schuld schüttelte mich. Scham brach aus mir heraus. Ich fühlte mich entehrt, lächerlich und ungemein absurd.

Herr Direktor Grunt fragte mich schließlich: »Hast du je die Redensart gehört: *Einmal reingelegt - deine Schuld, zweimal reingelegt - selber schuld*?«

Ich schüttelte den Kopf. Die Bewegung verursachte mir Übelkeit im Magen.

Herr Direktor Grunt trommelte mit dem Finger.

»Du hast und zum *Narren* gehalten«, seufzte er. Wie haben dir eine Chance nach der anderen gegeben und du hast uns jedes Mal beschämt. Wir müssen diese Angelegenheit anders anpacken. Wir werden dich bestrafen müssen.«

Herr Grunt sah Herrn O'Donnell um Bestätigung heischend an.

Herr O'Donnell nickte weise.

In meinem Bauch sammelte sich Magensäure.

»Ja«, fuhr Herr Grunt fort. »Disziplin! Ernsthafte Disziplinarmaßnahmen!«

Er trommelte auf seine wettergegerbten

Lippen.

»Weißt du, warum man Pflanzen beschneidet?« fragte er.

Ich zuckte mit den Schultern.

»Um sie zu essen?« versuchte ich zu raten.

Herr Grunt lachte. Es war ein warmes Lachen. Onkelhaft. Schwul.

»Nein Yewy, nicht um sie zu essen. Wenn man die Hauptstämme einer Pflanze beschneidet, gibt man den schwächeren Trieben die Chance, zu wachsen. So wird die Pflanze bald blühen und schönere Blüten und größere Früchte bekommen.«

Ich nickte.

Aber es war mir nicht klar, auf was Herr Grunt hinauswollte. Und so begann ich, meine rationalen Fähigkeiten in Frage zu stellen. Ich fing an, an meiner geistigen Gesundheit zu zweifeln. Ich begann an allem zu zweifeln:

»Was hatte ich getan?«

»Warum um alles in der Welt hatte ich geheult wie ein Wolf?«

»Warum hatte ich mir mit dem fetten Schmitt einen Schwertkampf geliefert?«

»Warum musste ich so anders sein?«

»Warum konnte ich mich nicht einfach anpassen, so wie alle anderen Kinder in meiner Klasse?«

Meine Zweifel mischten sich mit Scham. In meinem Magen entstand ein Strom aus Magensäure, in meinem Herzen ein Zyklon aus Blut.

Herr Grunt dagegen grinste wie ein Chesshire-Kater. Das Blut, das aus meinem Gesicht gewichen war, schien in seinem wieder aufgetaucht zu sein. Seine Augenbrauen hatten sich endlich in zwei eigenständige Einheiten geteilt.

Er fuhr fort:

»Nun, junger Yew, deine Persönlichkeit wird von ein paar schlechten Trieben dominiert! Triebe der fehlenden Disziplin, Triebe moralischer Verkommenheit!

»Aber in dir *gibt es* auch Triebe der Anständigkeit. Triebe der Intelligenz. Triebe der Kameradschaft. Triebe des Vertrauens.

»Wir müssen dich bestrafen.«

Herr Grunt legte eine ganz kurze Pause ein, die es Herrn O´Donnell ermöglichte, seine Worte wie ein Echo zu wiederholen:

»Wir müssen dich bestrafen, Junge! Oh

ja!«

Herr Grunt räusperte sich:

»Ehm! Ehm!«

»Nun ja, natürlich«, fuhr er fort. «Wir müssen dich bestrafen. Aber wir *wollen* dich nicht bestrafen. Nein. Wir sind nicht gemein. Wir sind keine schlechten Menschen.

»Du musst dir uns wie Gärtner vorstellen. Wir möchten dir helfen, dich zu entwickeln und zu wachsen! Aber bevor du erblühen kannst, müssen wir die schlechten Triebe zurückschneiden, die deine Persönlichkeit beherrschen. Dadurch kann deine gute Seite aufblühen. Es wird dir helfen, dich selbst zu bessern!«

Die Worte des Direktors erschienen mir so elegant. So raffiniert. So ungeheuer geistreich!

Aber wenn ich jetzt zurückblicke, kann ich nicht anders als an eines von Lao Tzus Sprichwörter zu denken: »*Wahre Worte sind nicht schön, schöne Worte sind nicht wahr. Gute Worte sind nicht überzeugend, überzeugende Worte sind nicht gut.*«

Ich fand Herrn Grunts Worte *schön* und *überzeugend*. Ich fand sie betäubend. Aber, überwältigt von der Anwesenheit der beiden erwachsenen Männer, konnte ich nicht sehen, dass Herr Grunts Worte weder *gut* noch *wahr* waren.

Meine Augen öffneten sich weit.

Und dann fiel es mir wie Schuppen von den Augen. Es hatte ja lange gedauert, ein gefühltes Jahrtausend, aber endlich hatte ich es kapiert. Endlich war mir klargeworden, warum ich mich so verdorben fühlte.

Es war dieser kleine Plagegeist, der Egot!

Der Egot hatte mich immer beschützt, wenn ich in Schwierigkeiten steckte. Er hatte mir immer geholfen, die Strafen und strengen Worte zu überstehen, die ich einstecken musste. Er hatte mir immer das Gefühl gegeben, unbesiegbar zu sein.

Aber in dem ganzen Durcheinander, das mich umgab, hatte ich seine Abwesenheit gar nicht bemerkt. Ich hatte nicht einmal an ihn gedacht.

Herr O'Donnell stand über mir. Herr Grunt saß vor mir. Und ich schaute in mein Innerstes, um den Egot zu finden. Schon bald entdeckte ich ihn. Er saß mit dem Rücken zu mir gewendet und kratzte sich an seinen elfenhaften Ohren. Er sah aus, als spräche er zu sich selbst; er öffnete und schloss seinen Mund, ohne dass ein Ton herauskam. Er sah total verwirrt aus. Kaputt. Verloren.

Ich versuchte seine Aufmerksamkeit zu erregen, Aber er schaute nicht einmal auf.

Ich schüttelte meinen Kopf. Ich schrie den Egot an. Ich starrte ihn an. Aber er bewegte sich keinen Zentimeter. Er ignorierte mich einfach!

Er zählte seine Klauen und zählte sie dann erneut.

Eine silberne Träne rollte seine Wange hinunter.

Ein Haar fiel von seinem Kopf.

Ich war wie vor den Kopf geschlagen. Sprachlos. Ich fühlte mich total betrogen.

Seit ich mich wie ein Wilder aufgeführt hatte, war es das erste Mal, dass ich wieder am Boden zerschmettert war. Wie damals fühlte ich eine tödliche Art von Angst, die mich hin- und her schüttelte und mich bis ins Innerste erzittern ließ. Ich fühlte mich verlassen, klein und eingeschränkt.

Ich konnte einfach nicht verstehen, was passiert war. Ich konnte die Informationen, die sich mir offenbarten, nicht verarbeiten. Ich konnte mit dem Betrug des Egots nicht umgehen.

Der Egot saß einfach nur da und schaukelte hin und her. Gleichgültig mir gegenüber. Gleichgültig gegenüber meinen Bedürfnissen.

In dem Moment, als ich ihn am meisten brauchte, hatte er mich total im Stich gelassen.

Meinen Fingerspitzen kribbelten und innerlich fühlte ich mich völlig hohl.

»Wir müssen dich bestrafen, Yewy«, sagte Herr Grunt abschließend.

»Du musst bestraft werden, Junge«, antwortete Herr O´Donnell.

»Nun, ehm, ja«, fuhr Herr Grunt fort. Melde dich nach dem Mittagessen bei mir, um deine Strafe anzutreten.«

Ich neigte meinen Kopf.

Ich brachte die Kraft nicht auf, um zu antworten.

KAPITEL SECHS

Ich änderte mich.

Falls gefragt, würden Herr O'Donnell oder Herr Grunt Ihnen wahrscheinlich erzählen, dass es die Disziplinarmaßnahmen waren, die das bewirkt hatten. Aber damit hätten sie nicht Recht.

Es ist, wie Lao Tzu sagt: „*Wenn du nicht vertrauenswürdig bist, wird dir niemand vertrauen*".

Nun, für mich war der Egot nicht mehr *vertrauenswürdig*. Ich konnte ihm nicht *trauen*. Ich hatte das Gefühl, dass ich mich nicht auf seinen Rat verlassen konnte.

Darum ignorierte ich den Egot als er mir sagte, ich solle rebellisch werden; ich solle lieber zum Spielen zu den anderen Kindern gehen statt zurück zum Direktor. Sobald ich mit dem Mittagessen fertig war, machte ich mich auf den Weg zu Herrn Grunt.

Herr Grunt setzte mich in das Empfangszimmer der Schule. Dann forderte er mich auf, folgende Zeilen fünfzig Mal zu schreiben:

«*Meine gute Seite wird meine schlechte Seite besiegen. Meine Engel werden stärker sein als meine Dämonen. Mein Licht wird meine Dunkelheit erleuchten.*«

Der Egot schwang sich zwischen den Nervenbahnen meines Gehirns herum wie ein tierischer Tarzan, der freie Herrschaft über den Dschungel meines Geistes hatte. Er ließ sich los, flog durch leere Räume und landete mit einem Schrei. Seine rote Haut glänzte schweißnass und sein gelbes wirres Haar verlieh ihm eine animalische Anziehungskraft.

Er lächelte mich an. Es war so ein unschuldiges Lächeln. Betörend. Hypnotisch.

Der Egot hob seine flache Kappe, beugte sein Knie und zwinkerte mir auf eine Art zu, die seine Augen zum Funkeln brachte. Ein warmes wohliges Gefühl breitete sich in mir aus.

Der Egot hatte einfach so eine verführerische Art an sich. Er hatte immer noch Macht über meine Gefühle.

»Du willst doch nicht wirklich Zeilen vollschreiben«, sagte er mit seiner *ach-so-leisen* Stimme; dabei zog er das „n" in dem Wort „nicht" in die Länge wie ein melancholischer Opernsänger. »Ich glaube, du würdest gerne Herrn Grunts Aufforderung ablehnen. Du möchtest doch nicht wie ein Schwächling aussehen. Nein, nein.«

Ich sagte kein Wort.

»Wenn du jetzt nachgibst, stehen dir Monate von Strafarbeiten bevor. Deine Chancen stünden besser, wenn du dich durchsetzen würdest.«

Die melodische Stimme des Egots lullte mich in einen Trancezustand. Sein betäubender Charme hypnotisierte mich. Ich war ganz kurz davor, seinen Rat zu befolgen.

»Oh. Die Sache ist ..., ich - ehh, ich ...hmm«, stotterte ich

Aber dann erinnerte ich mich an die Worte des Direktors:

»*Wir möchten dich nicht bestrafen. Nein. Wir möchten dir helfen, dich zu entwickeln und zu wachsen!*«

Herr Grunt schaute in meine Augen. Er hatte das Aussehen eines gutmütigen Diktators. Er sah aus wie eine Kreuzung zwischen dem Nikolaus und König Arthur.

»Das wird dir helfen ein besseres *Du* zu werden«, fing er an.

Ich nickte. Ich hielt meinen Kopf geneigt und meine Augen auf den Boden fixiert.

Ich nahm meinen Stift und begann zu schreiben.

Ich tat es aus einem eigennützigen Grund; um weitere Bestrafungen zu vermeiden. Und ich tat es auch aus einem selbstlosen Grund; um Herrn Grunt zu gefallen. Auch wenn er mir wehtat, wollte ich ihn trotzdem glücklich machen. Dieser selbstlose Drang kam tief aus meinem Innersten.

Wie dem auch sei, als Herr Grunt mir seinen Rücken zudrehte, meldete sich der Egot wieder zu Wort.

»Du willst diese Zeilen nicht schreiben«, sagte er. »Nicht, wenn du ehrlich zu dir selbst bist.«

Ich schrieb noch eine Zeile.

Der Egot schürzte seine Lippen.

»Wenn du *wirklich* Zeilen schreiben willst«, fuhr er fort, »könntest du jede Zeile *anders* schreiben. Nur um etwas von deinem Charakter durchblicken zu lassen. Sozusagen, um auf niedrigster Stufe zu dir selbst zu stehen. Du könntest schreiben: *Meine Triebe werden nicht beschnitten.*

Meine Hände werden nicht gebunden. Wenn du das willst, sage ich ja, ja.«

Ich ignorierte ihn. Ich ignorierte diesen kleinen Quälgeist, genauso wie er mich ignoriert hatte, als ich ihn am meisten brauchte.

Bitte verstehen Sie mich, verehrte Leser, ich möchte nicht so tun, als sei es einfach gewesen. Oh nein! Tief drinnen wusste ich, dass der Egot recht hatte. Ich wollte diese Zeilen nicht schreiben. Ich wollte von diesem Ort verschwinden. Ich wollte spielen, draußen, mit all meinen Freunden.

Aber meine Welt um mich herum war auseinandergebrochen. Der Egot hatte mich in große Schwierigkeiten gebracht. Und dann hatte er mich im Stich gelassen! Wegen diesem Scharlatan musste ich jetzt Zeilen schreiben! Ich war daher nicht in der Stimmung, wieder auf ihn zu hören.

Natürlich *gab es immer noch* Gründe dem Egot zuzuhören; die Höhen waren dazu da, erlebt zu werden. Die Euphorie, die ich fühlte, als ich dem Egot zum ersten Mal zuhörte, war ein vom Himmel gesandtes Nirwana. Es war erquickend. Erleuchtend.

Glück.

Und diese Art von Höhenflügen hatte ich seither mehrmals erlebt. Nur nicht ganz so intensiv. Dem Egot zuzuhören war nie wieder so gut, wie beim ersten Mal. Die Euphorie war mir nie mehr so intensiv zu Kopf gestiegen. Die Befreiung war niemals mehr so tiefgehend.

Zur gleichen Zeit wurden meine Abstürze schlimmer. Ich wurde regelmäßiger bestraft als je zuvor. Und diese Bestrafungen deprimierten mich.

Nun, es waren diese Tiefen und nicht die Höhen, die in der Arena meiner Gedanken die Mitte der Bühne einnahmen. Die Waagschalen hatten sich verlagert.

Eine weiße Fahne flatterte in der Brise. Ich hielt einen Stift in meiner Hand und ein weißes Blatt
Papier füllte sich mit den Zeilen meiner Kapitulation.

KAPITEL SIEBEN

In einer Sache hatte der Egot recht. Meine Entscheidung, diese Strafarbeit zu schreiben gab Direktor Grunt Aufwind. Sein Selbstvertrauen nahm so schnell zu, wie meins abnahm. Seine Strafen folgten. Streng und schnell ...

Jeden Tag, nachdem ich zu Mittag gegessen hatte, musste ich in der Schule bleiben und meine Zeilen schreiben. Und, lieber Leser und liebe Leserin, einige dieser Zeilen waren schlichtweg ziemlich bizarr.

Es folgen ein paar Beispiele:

Ich werde den Unterricht nicht stören, außer wenn ich kotzen muss, blute oder brenne.

Brave Jungs essen ihre Schuhe nicht, ziehen sich nicht die Hose ´runter oder kleben Essen auf den Tisch.

Schüler sollen nicht fleißig sein, sondern die Schule schwänzen.

Diese Zeilen zu schreiben war an sich nicht so schlimm, aber meine Mittagspause zu verlieren, passte mir nicht. Ich brauchte die frische Luft. Ich brauchte die Gesellschaft meiner Freunde. Aber ich steckte in der

Klemme, alleine, in diesem seelenlosen Empfangszimmer der Schule; dieser alberne, leere Raum, in dem die Luft immer feucht war und die Stille immer hochmütig schien.

Der Egot ermutigte mich dauernd, etwas anzustellen.

Eines Tages, zum Beispiel, schlug er mir vor, die Schulmaus zu befreien:

»Sie möchte frei sein, genau wie du«, suggerierte er während er meine Gehirnwindungen durcheinanderbrachte. »Vielleicht solltest du sie im Flur herumlaufen lassen. Lass los. Lass dich gehen. Tu, was du wirklich tun willst. Ja, ja.«

Ein anderes Mal, während ich mir in dem stickigen schachtelartigen Zimmer einen abschwitzte, schlug der Egot mir vor, wegzurennen und in einen See zu springen. Und bei einer dritten Gelegenheit war sein Vorschlag, die Wand abzulecken. (Naja, ich fragte mich tatsächlich, wie sie schmecken würde.)

Der Egot schlug vor, dass ich mich jedes einzelne Mal, wenn ich eine Strafarbeit bekam, behaupten, rebellieren und etwas anstellen sollte. Und jedes Mal ignorierte ich ihn.

Ich ignorierte ihn, als Herr Grunt mir sagte, dass ich meine Morgenpausen damit verbringen würde, Müll aufzusammeln. Obwohl, wenn ich ehrlich bin, mir diese „Bestrafung" ziemlich gut gefiel. Ich konnte rausgehen und ich hatte etwas, auf das ich mich konzentrieren konnte.

Ich ignorierte den Egot auch, als mir befohlen wurde, um das Fußballfeld zu rennen, statt am Unterricht teilzunehmen. Und ich ignorierte ihn, als ich bei einem Klassenausflug nicht mitdurfte. Ich fügte mich und ließ jede einzelne Strafe, die ich bekam, über mich ergehen.

Und diese Bestrafungen waren nicht auf die Schule begrenzt.

Sehen Sie, meine Eltern waren etwas förmlich. Es war ihnen wichtiger gute Eltern im allgemeinen Sinne als gute Eltern *für mich* zu sein. Sie wollten normal erscheinen; respektabel und verantwortlich. Aber sie waren nicht bereit, auf meine individuellen Bedürfnisse einzugehen.

Und daher taten sie, unter Berücksichtigung meines Benehmens, das, was die Gesellschaft ihrer Meinung nach erwartete. Sie weigerten sich, für mich Partei zu ergreifen. Sie schützten mich nicht vor der Wut meiner Lehrer. Nicht ein einziges Mal! Sie machten gemeinsame Sache mit meinen Lehrern! Bei jedem einzelnen Problem, stellten sie sich auf die Seite der Schule. Liebe Leser, sie stellten sich gegen mich! Sie selbst bestraften mich!

Sobald ich nach Hause kam, wurde ich in mein Zimmer geschickt. Ich musste darin bleiben, alleine, wochenlang. Es war langweilig; ich hatte weder einen Fernseher noch ein Radio. Es gab absolut nichts zu tun.

Die ganze Zeit bekam ich nur langweiliges Essen. Für den alten Yew gab es weder Eiscreme noch Schokolade!

Jedes Mal, wenn ich nicht folgsam war, verabreichte mir mein Vater eine Tracht Prügel. *Peng! Peng! Peng!* Er hatte rotglühende Augen. Mein Hintern tat chronisch weh.

Und meine Mutter wusch mir, jedes Mal, wenn ich Schimpfwörter benutze, den Mund mit Seife aus.

»Du musst ein braver Junge sein«, pflegte

sie zu sagen. »Tu nichts, was ich nicht auch tun würde.«

Ich glaube, meine Mutter fühlte sich bei diesen Bestrafungen nicht wohl. Diese ernsthaften, liebevollen Augen sahen, jedes Mal, wenn sie mich bestrafte, verstört aus; als ob sie einen Teil meiner Schmerzen selbst spürte. Aber meinem Vater schien es regelrecht Vergnügen zu bereiten. Wenn er mich bestrafte, schob sich sein Kinn vor und seine Augenbrauen hüpften vor Freude.

Die Abwendung meiner Eltern begann an mir zu nagen. In mir öffnete sich ein desolater Krater. Ich fühlte mich wie ein Sandkorn, dass von einem allmächtigen Ozean in beliebige Richtungen geschleudert wird. Ich fühlte mich wie eine Feder in der morgendlichen Brise. Ich fühlte mich so deprimiert, dass ich versucht war, auf den Egot zu hören.

»Verlasse einfach dein Zimmer«, schlug er oft vor. »Was sollen deine Eltern schon machen? Es gibt nichts, was sie tun können! Sie werden keine Macht über dich haben, wenn du über dich selbst Macht hast. Nein, nein.«

Aber ich hörte dem Egot nie zu.

Die Worte des Egots hörten sich nicht überzeugend an. Ihre Wirkung war stark, ihr Inhalt wahr. Aber die Vorstellung meines möglichen Scheiterns schwächte sie ab. Wann immer der Egot redete, erinnerte ich mich an die Bestrafungen, die ich hatte ertragen müssen, nachdem ich seinen Rat befolgt hatte. Ich sah, wie ich Strafarbeiten schrieb, Müll aufsammelte oder in meinem Zimmer saß.

Der Druck dieser Bestrafungen war übermächtiger als der Drang, dem Egot zu folgen.

Und so wanderte ich mit gebeugtem Kopf und eingeklemmten Schwanz weiter durch diese dunklen Tage. Ich tat alles, was von mir erwartet wurde, wann immer es erwartet wurde, auch wenn ich es nicht wollte. Ich sagte „bitte" und „danke". Ich sprach nur, wenn ich angesprochen wurde.

Aber ich kam zurecht. Ich überlebte. Weil je mehr ich mich selbst verleugnete, desto mehr akzeptierten mich andere Leute. Je mehr ich mich mit meinen Taten selbst betrog, desto freundschaftlicher wurde das

Verhalten andere Leute zu mir. In dieser Welt, die einem Irrenhaus glich, indem alle sangen und tanzten, war meine Anpassung Grund für eine richtige Feier. Und das heiterte mich wirklich auf. Es gefiel mir, andere Menschen glücklich zu machen! Dieser selbstlose Drang bestärkte mich.

Ich wusste, dass ich den Leuten gefiel, weil sie es mir sagten. Wie zum Beispiel als mir Herr Grunt auf den Rücken klopfte, nachdem ich drei Monate lang Zeile um Zeile geschrieben hatte:

»Ich wusste, dass wir aus dir einen respektablen Bürger machen würden«, säuselte er mit selbstgefälliger Freude. »Fühlt sich die Welt jetzt nicht wie ein besserer Ort an?«

Das war wirklich nicht so, aber trotzdem wusste ich Herrn Grunts positive Energie zu schätzen. Es machte mich stolz. Eine angenehme Wärme durchflutete meinen Körper bis alle meine Zehen kribbelten.

Ich freute mich auch über die freundlichen Worte meiner Eltern:

»Wir sind so unglaublich stolz auf dich«, erzählten sie mir nachdem nochmals drei

Monate vergangen waren. Sie nahmen mich mit zum Bowling. Meine Mutter rieb meinen Oberschenkel und mein Vater nickte (Er war niemand, der Körperkontakt suchte).

Dieses Outing gefiel mir. Und ich freute mich auch über die anderen Belohnungen, die ich erhielt, wenn ich mich benahm; die Eiscremes, Mangos und Schokoladen; Fußballschuhe, Computerspiele und Filme.

Wenn ich während eines ganzen Monats nichts angestellt hatte, nahm mich meine Mutter mit in einen Wasserpark mit Whirlpools, Rutschen und Jacuzzis!

»Du bist doch ein guter Junge«, sagte sie. »Du hast es verdient, etwas Spaß zu haben.«

Wenn ich im Zug angerempelt wurde, aber nicht zurückschlug, brachte mir mein Großvater Kaugummi mit. Und wenn ich einen Test mit zehn von zehn Punkten abschloss, bekam ich von Herrn O´Donnell einen Goldstern. Einen richtigen Goldstern! Genauso einen, wie ihn all die guten Jungs und Mädchen immer bekommen hatten!

Diese Art von Sonderbehandlung steigerte meine gute Laune. Sie bestätigte mich darin, mich zu benehmen. Nicht weil - bitte verstehen Sie das - ich mich benehmen wollte. Oh nein! Sondern nur, weil ich die Belohnungen haben wollte. Mir gefielen diese Belohnungen. Und ich machte andere gerne glücklich.

Für mich war es ein bisschen so, als hätte ich eine Arbeit; ich tat Dinge, die ich nicht tun wollte, um eine Bezahlung zu erhalten, die ich haben wollte. Ich denke, man könnte sagen, ich war ein Arbeiter, der am Fuße der Wünsche der Gesellschaft arbeitete.

Endlich begann ich, mich anzupassen...

KAPITEL ACHT

Damals wusste ich es nicht, aber meine Eltern und Lehrer verwendeten einen Prozess, den Psychologen „Operante Konditionierung" nennen. Ich glaube nicht, dass sie wussten, dass sie diesen Prozess verwendeten. Ich glaube auch nicht, dass sie überhaupt wussten, was *Operante Konditionierung* bedeutete. Aber trotzdem benutzten sie es.

Operante Konditionierung basiert auf Edward Thorndikes Konzept, dem Gesetz des Effekts, das besagt, dass es wahrscheinlicher ist, dass Aktionen wiederholt werden, die angenehme Konsequenzen zur Folge haben, während es unwahrscheinlicher ist, dass Aktionen mit unangenehme Konsequenzen wiederholt werden.

Das hört sich doch logisch an, oder nicht?

Nun, *Operante Konditionierung* findet statt, wenn jemand diese natürliche Regel anwendet, um das Verhalten eines anderen zu ändern; indem angenehme Konsequenzen geschaffen werden (wie z.B. Belohnungen), um gewünschte Verhaltensformen zu fördern oder unangenehme Konsequenzen, um unerwünschte Verhaltensformen zu verhindern.

Einer der ersten Psychologen, der nachgewiesen hat, dass eine *Operante Konditionierung* funktionieren könnte, war Burrhus Skinner. Bei einem von Skinner durchgeführten Experiment setzte man hungrige Ratten in einen Käfig. Wann immer sie einen Hebel drückten, wurden sie mit einem Leckerbissen belohnt, der ihnen durch einen Kunststoffschlauch verabreicht wurde.

Zuerst reagierten Skinners Ratten zufällig. Mit der Zeit drückten alle zufällig den Hebel und bekamen die Belohnung. Schon bald merkten sie, dass sie weitere Leckerbissen bekommen konnten, wenn sie den Hebel drückten. Und so betätigten sie den Hebel immer wieder.

Operante Konditionierung hatte diese Ratten in Hebeldrücker konvertiert.

Diese Form von *Operanter Konditionierung* nennt man „Positive Bestärkung".

Dann veränderte Skinner sein Experiment.

Dieses Mal wurden die Ratten mit einem unter Strom stehenden Boden konfrontiert.

Schon bald lernten die Ratten den Hebel zu drücken, um den Strom auszuschalten.

Dann fügte Skinner ein Licht hinzu, dass kurz vor dem Einschalten des Stroms aufleuchtete.

Nach kurzer Zeit lernten die Ratten, den Hebel zu betätigen, sobald das Licht anging, um einen Elektroschock zu vermeiden. Auch als der Strom ausgeschaltet wurde, betätigten die Ratten trotzdem den Hebel, sobald das Licht anging.

Diese Form von *Operanter Konditionierung* nennt man „Negative Bestärkung".

Nun, diese Partnerschaft von Bestrafungen und Belohnungen, Bestechungen und Leckerbissen kann auch dazu verwendet werden, menschliches Verhalten zu beeinflussen. Dies wurde mit dem Experiment „Little Albert Experiment" nachgewiesen.

In diesem Versuch zeigten zwei Psychologen Baby Albert einige Masken: einen Affen, einen Hasen und eine Ratte. Ich weiß nicht, was für eine Verbindung Psychologen zu Ratten haben. Ich glaube, sie sind irgendwie auf die kleinen Nager fixiert. Jedenfalls fand der kleine Albert all die Sachen, die man ihm zeigte, in Ordnung; er reagierte überhaupt nicht auf sie.

Dann schlugen die Psychologen mit einem Hammer gegen ein Stahlrohr. Klein-Albert brach in Tränen aus. Der Lärm hatte ihn erschreckt.

Als Albert elf Monate alt war, zeigten ihm die Psychologen erneut die Ratte. Während sie dies taten, schlugen sie auf das Stahlrohr.

Klein-Albert brach in Tränen aus, weil ihn der Lärm erschreckte. Und er brach, jedes Mal, wenn der Prozess wiederholt wurde, in Tränen aus. Einmal pro Woche, sieben Wochen lang.

Zum Schluss assoziierte Albert den erschreckenden Lärm mit der Ratte. Und so bekam er Angst vor der Ratte selbst. Er weinte und versuchte wegzukrabbeln, sobald sie ihm gezeigt wurde, selbst dann, wenn nicht auf das Stahlrohr geschlagen wurde. Und er verhielt sich auf ähnliche Weise, sobald er andere Dinge sah, die ihn an die Ratte erinnerten; Dinge wie der Familienhund, einen Pelzmantel, etwas Baumwolle und einen falschen Nikolausbart.

Nun, genau das war mit mir passiert!

Meine Eltern und meine Lehrer bestraften mich jedes Mal, wenn ich mich schlecht benommen hatte, was mich anspornte, mich nicht daneben zu benehmen. Es war ein Fall von *Negativer Bestärkung*. Und meine Eltern belohnten mich auch für gutes Benehmen, weswegen ich mich bemühte, artig zu sein. Das war ein Fall von *Positiver Bestärkung*.

»Sei ein braver Junge«, pflegte meine Mutter zu sagen. »Tu nichts, was ich nicht auch tun würde.«

Und ich hörte auf sie. Aber glücklich war ich dabei nie. Tief im Innersten wollte ich kein *braver Junge* sein. Ich wollte einfach nur die Belohnungen haben, die ich für gutes Benehmen bekam. Und ich wollte immer noch die Art von Dingen tun, die meine Mutter *nicht tun würde*. Aber diese Dinge tat ich aus Angst vor den Bestrafungen nicht. Ja, ich passte mich an. Aber genau wie Albert und die Ratten, glaube ich nicht, dass ich jemals wirklich glücklich war.

Ich meine, überlegen Sie mal. Skinner brachte diese Ratten dazu, sich genauso zu benehmen, wie er das wünschte; er verwandelte sie in gute kleine Hebeldrücker. Aber denken Sie, dass diese Ratten glücklich waren? Wirklich glücklich? Glauben Sie, dass es ihnen Spaß gemacht hat, Elektroschocks zu bekommen? Ich meine, wer will schon Elektroschocks bekommen? Glauben Sie nicht, diese Ratten hätten es vorgezogen, frei zu sein und in den Abwasserkanälen herumzulaufen und rattige Dinge zu tun, wie Käse zu knabbern und Kabel anzunagen?

Und was ist mit Klein-Albert? Wollte er Ihrer Meinung Angst vor etwas haben, das entfernt einer Ratte glich? Er reagierte genauso, wie es die Psychologen erhofft hatten, aber ich bezweifele, dass er dabei wirklich glücklich war.

Nun, ich war genauso. Ich war nicht glücklich. Wie hätte ich es sein können? Ich lebte in einem Zustand konstanten Terrors.

Wann immer ich etwas Unartiges tun wollte, wann immer mich der Egot überzeugte, mich schlecht zu benehmen, dachte ich sofort an die schmerzhaften

Bestrafungen, die ich auszuhalten hätte.

Angst diktierte alle meine Handlungen...

Wenn ich mich ausziehen und nackt herumrennen wollte, weil es innen einfach so heiß war, sah ich mich selbst im Empfangszimmer der Schule, wie ich endlose Strafarbeiten schrieb. Letztendlich zog ich meine Hose aus, behielt aber meine restliche Kleidung an.

Wenn ich mein Abendessen auf den Fußboden feuern wollte, weil es das ekelhafteste Zeug war, das ich je probiert hatte, sah ich mich im Geiste zu Tode gelangweilt in meinem Schlafzimmer eingesperrt. Also aß ich den grässlichen Fraß.

Und wenn ich Schlafmütze Sampsons Toilettensachen verstecken wollte, damit ich sehen konnte, wie sie sich beinahe in die Hose machte, konnte ich nicht anders, als mich zu sehen, wie mein Vater mich wieder und wieder schlug. *Bumm! Bumm! Bumm!* Der bloße Gedanke daran verursachte mir physische Schmerzen auf meinem Hintern. Und so ließ ich letztendlich Schlafmütze Sampsons Toilettensachen genau dort, wo sie waren.

Alle meine Handlungen wurden von Angst diktiert, genauso, wie es bei Klein-Albert geschehen war.

Weil Klein-Albert jedes Mal, wenn er die Ratte sah, ein furchterregendes Geräusch hörte, assoziierte er dieses angsteinflößende Geräusch mit der Ratte. Er bekam vor der Ratte selbst Angst.

Auf die gleiche Art und Weise assoziierte ich, weil ich bei schlechtem Benehmen immer bestraft wurde, Unfolgsamkeit mit Bestrafungen. Und so bekam ich Angst davor, unartig zu sein. Tief im Innersten wollte ich mich immer noch danebenbenehmen. Der Egot ermutigte mich immer noch zu schlechtem Benehmen. Aber das kam nicht in Frage.

Mein gutes Benehmen machte andere Menschen glücklich; ich begann so zu werden, wie sie mich haben wollten. Aber ich glaube nicht, dass es mich je glücklich gemacht hat. Ich denke nicht, dass jemand glücklich sein kann, der gezwungen wird, sich auf unnatürliche Weise zu verhalten.

Lao Tzu sagt: *Wenn ich von dem loslasse, was ich bin, werde ich das, was ich sein könnte.*

Nun ja, ich *ließ sicherlich los*. Ich war dabei, das zu werden, was ich *hätte sein können*. Aber es zerriss mich innerlich. Weil ich nicht sein wollte, was ich hätte sein können. Ich wollte <u>ich</u> sein.

KAPITEL NEUN

Es waren nicht nur die positiven und negativen Bestärkungen, die Bestrafungen und Belohnungen, die damals dafür sorgten, dass ich auf dem geraden und schmalen Weg blieb. Ich hatte eine sehr wichtige Aufgabe, die auch dazu beitrug mich in der Spur zu halten. Sehen Sie, liebe Leserin und lieber Leser, ich war der Verantwortliche für den Klassenschrank. Und ich war unglaublich stolz darauf, so eine tolle Aufgabe zu haben!

Nun ja, es wird ja behauptet, dass es das persönliche Selbstvertrauen steigert, wenn man Verantwortungen übernimmt.

Der Klassenschrank war drei Meter breit und zwei Regale hoch. Er bestand aus Pressspanplatten, die mit dünnem, beigen Kunststoff beschichtet waren. Er hatte sechs Schranktüren, achtzehn Scharniere und einhundertundzwanzig Schrauben. Ja, ich habe sie tatsächlich alle gezählt. Zweimal.

Als ich mein Amt antrat, herrschte ein Riesendurcheinander in dem Schrank. Kugelschreiber waren mit Bleistiften vermischt, eine dicke Staubschicht lag auf den Farbtöpfen und die Schulbücher zeigten alle in verschiedene Richtungen.

Aber das brachte ich schnell in Ordnung!

Als ich mit dem Aufräumen fertig war, hatte alles seine Ordnung und alles war sauber. Alles hatte seinen Platz. Die Filzstifte waren nach Farben sortiert. Die Bleistifte waren vom Kürzesten zum Längsten aufgereiht und ich klebte sogar kleine Etiketten auf die Regale, um zu markieren, wohin jede Sache gehörte.

Ich glaube ich litt unter einer „Obsessiven Zwangsneurose".

Ich war so stolz auf diesen Schrank. Er gab meinem Geist etwas, auf das er sich konzentrieren konnte. Und meine Arbeit fand auch Anerkennung:

»Da ist mein kleiner Leutnant!« pflegte unsere Lehrerin, Frau Grey zu sagen. Sie zerstrubbelte mein Haar, um zu zeigen, dass sie zufrieden mit mir war. Und sie lächelte mich auf eine Art und Weise an, die teils stolz und teils verführerisch war.

Sie war so eine nette Person, diese Frau Grey. Sie hatte diese kleinen Grübchen, die pulsierten, wenn sie glücklich war. Und sie trug immer sommerliche Kleider, die das

Klassenzimmer wirklich aufhellten. Sie waren über und über mit bunten Blumen, hübschen Schmetterlingen und Retro-Mustern bedruckt.

Auch Herr Direktor Grunt äußerte sich zu meiner Arbeit:

»Du bist der beste Verantwortliche für den Klassenschrank, den diese Schule jemals hatte«, erzählte er mir einmal.

Ich errötete vor Stolz. Meine Haut kribbelte. Meine Zähne fühlten sich frisch an.

Zum ersten Mal in meinem Leben tat ich etwas, das mir Freude machte und auch geschätzt wurde. Ich begann zu assimilieren.

Mir gefiel die Verantwortung. Ich hatte immer über die Stränge geschlagen, wenn ich mich verloren, eingesperrt oder schwach fühlte. Ich wollte Autonomie. Ich wollte Macht über meine eigenen Handlungen haben. Und diese Rolle gab mir eine derartige Macht. Ich konnte diesen Schrank auf *meine Weise* verwalten, so wie ich es wollte. Meine Position gab mir diese Befugnis. Sie gab mir eine Stellung in der Gesellschaft. Und das fand ich beglückend.

Ich ließ niemanden an den Schrank heran. Ich beschützte ihn regelrecht, wie ein großer Bruder. Ich war defensiv. Und ich war stolz. Oh, so stolz!

Aber wie schon Lao Tzu sagte: *Stolz bringt dich zu Fall*.

Und so geschah es. Mein *Stolz* führte in der Tat zu meinem *Fall...*

Es begann alles damit, als Rotznase McGill die Schere an den falschen Platz zurücklegte. Nun, lieber Leser und liebe Leserin, der Egot bekam seine Gelegenheit!

Sehen Sie, der Egot war eine permanente Komponente meiner Geisteslandschaft geblieben. Er fühlte sich darin immer noch sehr zuhause; er hing zwischen meinen fleischigen Gehirnlappen herum und schwang sich dazwischen hin und her. Aber er sprach nicht sehr viel. Er hatte einiges von seiner Aura verloren. Aus ihm war eine *persona non grata* geworden. Unterdrückt von meinem Willen, ihm zu widerstehen.

Der Egot sah zu mir auf.

Es wäre falsch von mir zu behaupten, er hätte Augen wie ein Welpe. Dazu sah der Egot zu listig aus. Aber in der Art, wie er mich ansah, lag eine Spur von Verzweiflung. Er beugte sein Knie nicht auf die übliche Art. Er stand eher kerzengerade. Und seine Stimme klang schwach. Der Egot brauchte so viel Energie, um seinen Mund zu öffnen, dass er nicht die Kraft hatte, seine Stimmbänder voll zu aktivieren.

»Yew?« flüsterte er. »Yew?«

Der Egot hielt einen Finger hoch in die Luft und wartete auf die Genehmigung zu sprechen.

Ich nickte.

»Das hat dir nicht gefallen, oder?«

Ich nickte nochmals.

Es sollte keiner in deinem System herumpfuschen, oder?

Ich schüttelte meinen Kopf.

»Nun, dann wäre es vielleicht eine gute Idee, Rotznase McGill an den Haaren zu ziehen. Sie sollte wissen, dass sie sich danebenbenommen hat. *Du* wirst bestraft, wenn du dich nicht benimmst. Darum sollte *sie* auch bestraft werden. Das ist nur fair.«

Ich zog an Rotznase McGills Haaren.

Ich tat es, ohne nachzudenken. Und gleich danach bereute ich es. Ich bereute es sogar, während ich noch dabei war, es zu tun!

»Auuuuuaaaaaa«, schrie Rotznase McGill.

Es war ein ohrenbetäubender Schrei; so scharf wie eine Rasierklinge und so schrill wie ein Mutteraffe. Er durchfuhr mich, wie ein Messer die Butter.

Die Ernsthaftigkeit meiner Situation war erdrückend.

Ich brauchte einen Moment, um zu begreifen, was ich getan hatte. Und dann wurde mir alles klar. Ich hatte auf den Egot gehört! Ich hatte noch nicht einmal gemerkt, dass ich es getan hatte. Der Egot hatte mir vorgeschlagen an Rotznase McGills Haaren zu ziehen. Und ich zog an ihrem Haar. Einfach so! Ich hatte nicht einmal darüber nachgedacht. Ich hatte es einfach getan; genau dort, genau dann, sofort.

Und ich hatte gedacht, ich hätte den Egot zum Schweigen gebracht! Was für ein Idiot war ich gewesen!

Mein Blut gefror und meine Muskeln verhärteten sich.

Dieser Schrei durchschnitt sauber die Luft.

Frau Greys Gesicht war ein Bildnis der Enttäuschung; mit „Art Nouveau-Wangen" und minimalistischen Augen. Ihre Grübchen, die pulsierten, wenn sie glücklich war, wurden unbeweglich und verschwanden dann. Die Blumen auf ihrem Sommerkleid schienen zu welken und zu verblassen.

»Tut mir leid, Frau Grey«, wimmerte ich. »Das wollte ich nicht tun.«

»Warum hast du es dann getan?« antwortete meine Lehrerin.

»Sag ihr die Wahrheit«, schlug der Egot vor. Er sah viel zufriedener aus als vorher. Er hatte einen Teil seines Selbstvertrauens wiedergewonnen. Das Glitzern war in seine Augen zurückgekehrt.

»Sag ihr, was Rotznase McGill getan hat.«

»Halt die Klappe!« schnauzte ich in meinem Kopf zurück.

»Ich bin ein böser Junge, Frau Grey«, antwortete ich laut. »Ich bin ein sehr sehr ungezogener Junge. Ich verdiene es, bestraft zu werden.«

Frau Grey schaute mir in die Augen.

Sie sah so verdammt schön aus! Es loderte ein Feuer in ihr, das ihr Gesicht rot aufleuchten ließ. Aber sie strahlte auch Sanftheit aus. Ich konnte sie förmlich vor mir dahinschmelzen sehen. Ihre Schultern entspannten sich. Ihre Grübchen tauchten wieder auf.

»Möchtest du wirklich bestraft werden?« fragte sie.

»Ja Frau Grey«, erwiderte ich. »Ich möchte wirklich bestraft werden. Ich möchte so schwer bestraft werden, dass ich so etwas niemals wieder tue. Ich bin ein böser, böser Junge. Sie müssen mir eine Lektion erteilen.«

Ich konnte hören, wie dem Egot das Herz brach:

Klirr!!!

Der Egot drückte seine Brust und kippte vornüber. Er würgte. Sein goldenes Haar wurde hellgrau. Ich fühlte seinen Schmerz. Es war, als wenn ein kleiner Teil von mir auch litt. Es lag ein Druck auf meiner Brust und in meinem Hals kratzte es. Ein Stromschlag durchzuckte mich.

Frau Grey lachte vergnügt. Ihre Grübchen begannen zu pulsieren.

»Ok«, sagte sie. »Ich sag dir was; du kannst selbst über deine Strafe bestimmen. Schreib *Haarezieher* auf dieses Stückchen Karton und häng es dir mit dieser Kordel um den

Hals. Du kannst es so lange als Zeichen deiner Reue tragen, wie du es für angemessen hältst.«

»Wie findest du das, mein kleiner Leutnant?«

Ich nickte.

Ich hängte mir das Schild um den Hals und trug es volle vier Wochen. Letztendlich musste es mir Frau Grey abnehmen.

Sie sagte, dass ich mich nun genug selbst bestraft hätte.

KAPITEL ZEHN

Jedes Mal, wenn ich dieses Schild trug, wimmerte der Egot. Er presste immer seine Rippen zusammen, wenn ich seinen Rat ignorierte. Seine Haut, die einst so rot wie Höllenfeuer gewesen war, nahm einen matten staubigen Ton an. Sein Haar wurde noch grauer.

Damit will ich nicht sagen, dass ich nicht auf den Egot hörte. Wie bei der vorherigen Geschichte, gab es Gelegenheiten, bei denen ich seinem Rat instinktiv folgte. Diese Gelegenheiten waren selten. Es gab sie nur alle paar Monate. Aber es gab sie...

Ich hörte auf den Egot, als er vorschlug, Stacey Fairclough ein Liebesbriefchen zuzuschieben. Ich schrieb: *Ich liebe dein Haar, es sieht wirklich hübsch aus.* Ich dachte nicht darüber nach, was ich tat. Ich tat es einfach. Erstens, weil es etwas war, das ich wirklich tun wollte. Und zweitens, weil es stimmte. Staceys Haar sah wirklich schön aus. Das Mädchen begann zu erblühen.

Der Egot glühte. Seine Haut glänzte das erste Mal seit Wochen. Und ein paar seiner

Haarsträhnen gewannen ihren alten goldenen Glanz zurück.

Aber als Frau Grey mich als Bestrafung dafür, dass ich den Unterricht gestört hatte, als Verantwortlichen für den Klassenschrank absetzte und ich diese Bestrafung ohne ein Wort des Widerspruchs akzeptierte, verfiel der Egot sogar noch mehr. Er fing an, am Stock zu gehen. Und sein Haar begann auszufallen.

Während einer besonders stressreichen Unterrichtsstunde, während der unsere Klasse das Einmaleins laut aufsagen musste, schrie ich mit voller Lautstärke: *Scheiße! Pisse! Kotze!* Der Egot hatte seine Beine übereinandergeschlagen, seine Pfeife angesteckt und mir geraten, es zu tun. Und ich habe es gemacht. Einfach so, ohne überhaupt nachzudenken. Obwohl, ich glaube, dass ich etwas Dampf ablassen wollte.

Sofort gewann der Egot etwas von seiner Stärke zurück. Seine elfischen Ohren spitzten sich und das erste Mal in sechs Monaten glänzten seine Augen wieder.

Aber Frau Grey reagierte nicht gerade

erfreut. Ihre Grübchen verschwanden vollständig. Ihr Sommerkleid hing schlaff von ihren schmalen Schultern. Und sie ließ mich volle drei Stunden in absoluter Stille dort sitzen!

Meine Mutter war auch schockiert, als sie erfuhr, was ich getan hatte. Ihr Gesicht wurde aschfahl. Die Liebe wich aus ihren Augen. Und sie begann zu murmeln:

»Warum kannst du kein artiger Junge sein? Warum machst du immer wieder Dinge, die ich nicht tun würde? Warum nur, warum, warum?«

Sie gab mir eine Woche Fernsehverbot. Sie warf meine Lieblingsschallplatte in den Müll. Und sie strich unseren monatlichen Kinobesuch.

Ich akzeptierte all diese Bestrafungen.

Und darum sank der Egot in sich zusammen. Zum Schluss sahen seine Wangen aus, wie zwei alte Rosinen. Sein kugelrunder Bauch begann zu hängen. Seine Krallen fielen ihm aus und sein Körper begann zu schrumpfen.

Dann kam die Zeit, als Frau Grey Gavin bei seinen Aufgaben half. Sie lehnte sich dabei so über uns, dass ihr Sommerkleid vor mir auf den Schreibtisch fiel.

Ich konnte nicht widerstehen. Ich konnte mich nicht zurückhalten. Ich konnte nicht anders, als dem Egot zuzuhören!

Als er mich dazu aufforderte, hob ich meine gierige Hand und griff nach dieser zarten Baumwolle. Ich streichelte sie. Ich hielt den Stoff vor meine Augen und schaute auf das Bild eines Viceroy-Schmetterlings. Ich konnte sogar einen Blick auf Frau Greys Oberschenkel werfen.

Ich muss zugeben, es fühlte sich ziemlich episch an. Mein ganzer Körper wurde von einem Glücksgefühl ergriffen. Mein Herz hämmerte unkontrolliert. Und ich wurde glatte zehn Zentimeter größer.

Auch das Selbstvertrauen des Egots wuchs. Auch er wurde größer. Und auch er grinste mit unkontrollierbarer Glückseligkeit.

Aber Frau Grey schrie:

»Revolte! Meuterei! Leutnant Shodkin - zurück auf deinen Platz!«

Schock und Horror standen ihr ins Gesicht geschrieben und das sorgte dafür, dass ich mit einem die Knochen erschütterndem Bums zurück auf die Erde stürzte. Als ich ihren verdrehten Hals und den vorgeschobenen Mund sah, wurde mir bewusst, was ich getan hatte. Und ich konnte es nicht glauben. Ich konnte nicht glauben, dass ich wieder einmal auf den Egot gehört hatte.

Danach wurde ich gezwungen, zwei Wochen lang Küchenhandschuhe zu tragen. Sie waren heiß und schwitzig, kratzten und stanken penetrant! Aber ich beklagte mich nie. Auch wenn es mir nicht gefiel, glaubte ich allen Ernstes, dass ich diese Strafe verdient hatte.

Und so wurde der Egot noch schwächer. Seine Zähne fielen aus, seine Haut wurde weiß und sein Körper schrumpfte auf die Hälfte seiner Originalgröße.

Der Egot litt jedes Mal, wenn ich eine Bestrafung akzeptierte. Und das passierte oft. Weil ich in den darauffolgenden Monaten immer bestraft wurde, wenn etwas schieflief. <u>Ganz egal was</u>.

Ich wurde bestraft, wenn die Noten der Klassenarbeiten meiner Klasse schlecht waren, auch wenn ich selbst gut abschnitt.

Ich wurde für das Überschwemmen der Toiletten bestraft, obwohl ich es überhaupt nicht getan hatte! Ich schwöre zu Gott! Ich weiß nicht, wer dafür verantwortlich war, ich war's jedenfalls nicht.

Und ich wurde für das Umstoßen eines Farbtopfes bestraft. Es war ein Unfall. Ein Unfall, sage ich Ihnen! Aber trotzdem wurde ich dafür bestraft.

Es war, als hätten meine Lehrer eine Standardeinstellung: *Läuft etwas schief, machen wir Yew Shodkin dafür verantwortlich.*

Ich war schuldig bis meine Unschuld bewiesen wurde. Und es gab noch nicht einmal eine faire Verhandlung. Meine Lehrer waren meine Richter, meine Jury und meine Vollstrecker. Ich beugte mich vor und sie ließen das Schwert über mir schweben.

Ich akzeptierte es.

Der Egot krümmte sich vor Schmerzen.

KAPITEL ELF

Der Egot wurde kleiner und zerbrechlicher, schwächer und mickriger. Seine Füße verloren ihre Robustheit und seine Elfenohren wurden schlaff. Seine flache Kappe war verschlissen und sein Charme begann zu schwinden.

Er wurde so erbärmlich, dass ich ihn schließlich in den Anfängen stoppen konnte.

Es passierte an einem dieser verwirrenden Tage, an denen das Wetter nicht weiß, ob es kommen oder gehen soll; an denen es opulente Horizonte gegen undurchdringlichen Nebel austauschte; an denen strahlender Sonnenschein sich mit furiosen Wolken abwechselte.

Unsere Lehrerin in dem Jahr, Frau Skellet, faselte etwas über irgendeinen blutigen Krieg im antiken Griechenland. Die Fettringe, die ihren Bauch umgaben, kämpften mit dem obersten Knopf ihres Rocks. Und ihr Parfüm kämpfte einen verlorenen Kampf mit ihrem penetranten Körpergeruch. Sie roch nach zu lange gekochter Kastaniensuppe.

Ich war abgelenkt.

Mir lag nicht viel an Geschichten von

blutigen Schlachten oder trojanischen Pferden. Deshalb fingen meine Augen an zu wandern. Ich sah einen Schüler nach dem anderen an. Und ich dachte daran, was sie wirklich gerne tun würden.

Rotznase McGill war in den Unterricht vertieft. Ihre kleinen wie Perlen leuchtenden Augen fixierten Frau Skellets schwammige Lippen. Darum stellte ich sie mir als Piratin vor, die sich vom Schiffsmast schwang und sich wie einer der Kämpfer aus Frau Skellets Geschichten in den Krieg stürzte.

Stacey Fairclough zwirbelte eine ihrer Haarlocken; wobei sie das Gehabe eines pompösen Pfaus an den Tag legte. Daher stellte ich sie mir als Supermodell vor, die im Blitzlichtgewitter der Kameras einen Catwalk entlangrauschte.

Der dicke Schmitt spielte mit seinen Männer-Titten. Darum stellte ich ihn mir als Löwenbändiger vor, der seinen Hintern rausstreckte, während er auf Armlänge einen Reifen hielt. Er gab dem Löwen ein Zeichen. Dann sprang er durch den Reifen.

Schlafmütze Sampson schlief.

Ich fuhr fort, den Raum zu scannen, bis ich

etwas sah, das sich bewegte. Ganz plötzlich und im Schatten, unter einem stehenden Regal.

Ich starrte auf die skelettartige Struktur. Meine Augen waren darauf fixiert.

Aber nichts passierte.

Einem langsamen Tick folgte ein langsames Tock.

Und dann - in einem Augenblick - schoss die Schulmaus mit voller Geschwindigkeit heraus. Sie war ausgebrochen!

»Hurrahhh!« jubelte der Egot, während er seine Rippen drückte, bis es schmerzte. »Freiheit! Ja, ja.«

Die Maus raste wie verrückt die Fußleiste entlang.

Der Egot versuchte, vor Freude zu hüpfen. Er fand die Kraft nicht, Luft zu schnappen, aber sein Gesicht hellte sich sichtbar auf. Etwas, das wie ein Lächeln aussah formte sich auf seinen ledernen Wangen. Und ein trauriges Aufflackern von Hoffnung erschien in seinen unglücklichen Augen. In *meinen* unglücklichen Augen.

Die Maus schoss auf die geschlossene Tür zu.

»Lass sie heraus!« rief der Egot jubelnd. Er keuchte. Er würgte. Er nahm sich zusammen. Und dann fuhr er fort:

»Öffne die Tür! Du möchtest ihr helfen abzuhauen! Ich glaube das willst du! Ja, ja«

Und wissen Sie was? Ich stand kurz davor, es zu tun! Meine Brust blähte sich. Ich sprang von meinem Stuhl!

Aber es ist, wie Lao Tzu sagt: *Belohnungen folgen auf Gut und Böse genau wie der Schatten Substanz folgt.*

Nun, der *Substanz* des Einflusses vom Egot, die mich vorwärtsgetrieben hatte, folgte der Schatten meiner Selbstkontrolle, die mich zurückhielt. Aktion traf auf gleiche und gegensätzliche Reaktion. Meine Rippen sperrten sich die Vorwärtsbewegung meiner Eingeweide. Meine Knie waren blockiert. Und meine Schultern versteiften sich.

Meine Wirbelsäule bog sich zurück und meine Füße flogen vorwärts. Die Leichtigkeit der Luft, ließ meinen Körper schweben. Dann stürzte mein Arsch auf den knallharten Boden.

Meine ganze Klasse lachte mich aus. Mich! Ich wusste, dass die nicht mit mir lachten.

Dessen war ich mir sicher. Ich habe mich so geschämt. Mein Gesicht wurde feuerrot.

Der Egot hatte nicht nur ein rotes Gesicht. Er war ganz und gar rot! Ein rauchloser Feuerball umgab ihn. Er glühte. Er schrie. Und er kollabierte im Hinterkopf auf dem Boden meines Gehirnlappens, wo er auf dem Haufen seiner eigenen Asche lag.

Er schaute hoch und sah mich völlig verzweifelt an.

Ich sah mit tiefster Verachtung auf ihn hinunter.

»Es tut mir leid«, sagte ich zu Frau Skellet.

Ich klopfte mir den Staub ab und ging zurück zu meinem Stuhl.

»Die Schulmaus ist ausgebrochen«, fuhr ich fort. »Wir müssen sie fangen und zurück in ihren Käfig stecken.«

KAPITEL ZWÖLF

Danach sprach der Egot kaum noch. Ich glaube er hatte keine Kraft mehr dazu.

Er sah wie ein Brandopfer aus und das war er glaube ich auch. Er lebte wie ein Altersheiminsasse. Er bewegte sich kaum und verbrachte die meiste Zeit damit, in einem mit meiner Gehirnflüssigkeit gefüllten Pool zu baden. Er war so dünn, dass man seine Knochen sehen konnte. Aber er hatte immer noch die gleichen Augen wie ich.

Ich glaube, er versuchte weiterhin, mich zu beeinflussen, aber seine kleine Stimme war so leise geworden, dass ich sie kaum hören konnte. Mein Geist war klar. Und so hörte ich auf, mich schlecht zu benehmen. Aus mir wurde endlich ein lieber kleiner Junge. Ein respektables Mitglied der Klassengemeinschaft. Ich schrieb innerhalb der Linien und tat auch alles andere!

Ich sagte nie etwas, es sei denn, jemand sprach zu mir. Ich zankte oder spielte nie während des Unterrichts. Ich klebte nie Kaugummis auf irgendjemand anderen. Nie! Nicht ein einziges Mal!

Ich nahm an einem Hausarbeiten-Club teil,

trat dem Schulchor bei und versuchte, in der Fußballmannschaft der Schule aufgenommen zu werden. (Das habe ich nicht ganz geschafft).

Ich achtete darauf, dass mein Hemd immer eingesteckt, mein Kragen herunter gefaltet und meine Schuhe geschnürt waren. Ich bemühte mich, meine Hosen sauber zu halten. (Das misslang mir normalerweise).

Ich bewarb mich als Klassensprecher. (Bei der Wahl Dritter wurde ich Dritter).

Aber meine Noten verbesserten sich. Ich war der Zweitbeste in Biologie. Bei einem Eierlaufrennen erreichte ich den dritten Platz. Und ich gehörte sogar zu dem Gewinnerteam als unsere Klasse einen Backwettbewerb veranstaltete!

Meine Anpassung hauchte meiner lieben alten Mutter wieder Leben ein. Immer wenn sie mich zur Schule brachte, umarmte und küsste sie mich immer noch und sagte:

»Sei ein braver Junge. Tu nichts, was ich nicht auch tun würde!«

Ihre Augen sahen immer noch ernst aus. So ehrlich! So liebevoll!

Aber es gab etwas Neues an ihrem

Benehmen. Etwas Unbeschreibliches. So etwas Ähnliches wie Hoffnung. Etwas wie Vertrauen. Es war, als würde sie tatsächlich glauben, was sie sagte; dass sie wirklich glaubte, ich würde ein *braver Junge* sein; dass ich *nichts tun würde, was sie nicht auch täte.*

Falls Sie, liebe Leserin und lieber Leser, meine Transformation etwas weit hergeholt finden oder wenn Sie Ihnen etwas unrealistisch erscheint, denken Sie bitte daran, dass ich, was Psychologen eine „Alles oder Nichts Persönlichkeit" nennen, habe. Ich bin von einem sogenannten „Spaltungsprozess" betroffen.

Ich kann eine ganze Tüte von Schokoladenbonbons essen oder ich kann darauf verzichten und kein einziges Schokobonbon essen, aber ich kann nicht nur ein Bonbon essen und dann die Tüte schließen. Ich kenne keine Mäßigung.

Wenn es also um Benehmen ging, beachtete ich alles, vollständig. Ich befolgte, unabhängig von den Umständen, jede einzelne Regel. Und ich schaute auf jeden hinab, der nicht das Gleiche tat.

Lassen Sie mich Ihnen ein paar Beispiele für ein solches Benehmen geben...

Als ich gerade zehn geworden war, wurde meiner Klasse gesagt, sie solle sich draußen aufstellen, während unser Lehrer einen Kollegen suchen ging. Naja, es fing an zu regnen, also gingen alle anderen Kinder hinein. Aber ich gehorchte dem Befehl. Ich blieb im Regen stehen!

Ich begann zu zittern. Ich erkältete mich. Alle meine Klassenkameraden dachten, ich sei verrückt geworden. Selbst Gavin Gillis, der damals mein bester Freund war, schüttelte seinen Kopf und stöhnte. Der fette Schmitt feixte wie ein Schimpanse. Er zwinkerte mir frech zu.

Aber ich befolgte die Regeln. Deshalb war ich stolz auf mich. Und auch mein Lehrer gab mir einen Pluspunkt, daher fand ich mein Verhalten letztendlich doch gerechtfertigt.

Ein anderes Mal, als meine Klasse getadelt wurde, weil die Schüler bei einer Versammlung nicht laut genug gesungen hatten, sang ich derart laut, dass alle Vögel von den Zweigen hüpften! Ich übertönte die Stimmen aller anderen Kinder!

Und dann, als ich elf war, brachte mich mein Gehorsam wirklich in Schwierigkeiten.

Es begann alles, als ich auf die Toilette musste:

»Kann ich bitte pinkeln gehen?« fragte ich.

»Warum?« antwortete Frau Balding, unsere damalige Lehrerin.

»Ich muss pinkeln.«

»Also wirklich, Yew! Du hättest in der Mittagspause gehen sollen!«

Ich senkte meinen Kopf.

Ich wollte sagen: *In der Mittagspause musste ich noch nicht*, aber ich wusste, dass ich darauf besser nicht antworten sollte. Frau Balding war nett aber streng. Einmal hatte sie den fetten Schmitt angeschrien, weil er ihr zugezwinkert hatte! Gavin Gillis ließ sie den ganzen Tag barfuß herumlaufen, weil er Dreck an seinen Schuhen hatte!

Ich wollte daher nicht auf Frau Baldings schwarzer Liste stehen. Oh nein! Und bei einem Widerwort wäre ich sicher dort gelandet. Also saß ich bloß da und presste meine übereinandergeschlagenen Beine zusammen. Und nach mehreren unangenehmen Minuten durfte ich schließlich gehen.

»Wirklich Yew! Ist es ein Notfall?« säuselte Frau Balding. Ihre Frisur, die wie ein Vogelnest aussah, schien sich sichtbar zusammenzuziehen.

Ich nickte heftig und rannte aus dem Zimmer.

Nun ja, bis ich zurückkam, hatte die *Ruhezeit* bereits begonnen. Alle saßen an ihrem Schreibtisch und waren mit Lesen oder Schreiben beschäftigt.

Ich mochte die Ruhezeit. Dann konnte ich meinen Tagträumen nachhängen.

Ich träumte davon, durch den Wald zu rennen. Ich träumte davon, in einem gischtschäumenden Meer zu plantschen. Ich träumte davon, wie ein Vogel durch die Wolken zu fliegen.

Schlafmütze Sampson begann zu summen.

Das war ungewöhnlich, weil Schlafmütze Sampson normalerweise während der Ruhezeit schlief. Und ich hatte das Gefühl, dass es falsch sei, weil man nicht summen sollte. Wenn ich während der Ruhezeit summte, musste ich als Strafarbeit folgende Zeilen schreiben: *Ruhe ist Gold wert,*

Summen sollte vermieden werden.

Ich hatte das Gefühl, dass ich etwas tun musste. Darum hielt ich einen Finger über meine Lippen und gab Schlafmütze Sampson ein Zeichen, ruhig zu sein.

Schlafmütze Sampson streckte mir ihre Zunge heraus. Sie war u-förmig und rosarot.

Ich sah sie drohend an.

Schlafmütze Sampson fuhr fort, zu summen. Ihr Kopf wiegte sich von einer Seite zur anderen. Das brachte ihre Zöpfe zum Schwingen.

»Es ist Ruhezeit«, flüsterte ich. »Du darfst während der Ruhezeit nicht summen.«

Es war eine komische Sache. In der Tat, komisch.

Ich, Yew Shodkin, Regelbrecher und Verfechter der Freiheit, war dabei, jemand anderem zu sagen, sich anzupassen! Es war, als wäre ich zu einer vollkommen anderen Person geworden; leer, gewöhnlich und fügsam. Aber das ist genau das Ergebnis, das man erhält, wenn man den Prozess operanter Konditionierung bei jemanden mit einer *Alles oder Nichts-Persönlichkeit* anwendet; eine Person, die genauso extrem ist wie vorher aber auf eine völlig gegensätzliche Weise.

Schlafmütze Sampson summte immer noch. Sie sah glücklich aus. Es lag ein Lächeln auf ihrem Gesicht mit den Kirschblüten-Wangen.

Weißes Licht flackerte in ihren Augen und ihr Gesicht wurde von einem rosafarbenen Hauch überzogen.

»Ich sag's der Lehrerin«, flüsterte ich.

Ich hätte unserer Lehrerin nichts gesagt. Das war nur eine leere Drohung. Und außerdem, ich hätte unserer Lehrerin nichts sagen können, ohne zu sprechen, was während der Ruhezeit nicht erlaubt war. Aber ich wollte trotzdem das Summen von Schlafmütze Sampson stoppen. Ich dachte, dass ich sie vor einer Bestrafung schützen würde.

Schlafmütze Sampson zog mich an meinem Ohr. Sie hat tatsächlich an meinem Ohr gezogen! Können Sie sich das vorstellen?

Sie reichte mit ihrem dünnen Arm quer über unseren Tisch, griff nach meinem Ohrläppchen und zog es so stark nach unten, wie sie konnte. Es tat unheimlich weh. Sterne und Punkte umkreisten mein prickelndes Ohr. Mein Blut kochte und meine Venen pulsierten.

Aber ich schrie nicht. Es war Ruhezeit. Man sollte während der Ruhezeit nicht schreien. Ich sah Schlafmütze Sampson, die immer noch summte, nur drohend an und machet ihr nochmals das Zeichen, ruhig zu sein.

Sie trat mich. Ich schwöre bei Gott, sie hat mich tatsächlich getreten! Ihr spitzer Zeh traf meinen Knöchel und bohrte sich in meine empfindliche Haut.

Ich zuckte zusammen aber ich reagierte nicht.

Uns allen war gesagt worden, dass die Schule bei Streitereien eine Null-Toleranz-Richtlinie verfolgte; dass wenn sich zwei Kinder stritten, beide bestraft würden. Eine Bestrafung konnte man nur vermeiden, wenn man sich weigerte, zu streiten, selbst dann, wenn man von jemand anderem angegriffen wurde. Man sollte einfach nur ruhig bleiben und die Schläge einstecken. Dann würde der oder die andere bestraft, man selbst aber nicht.

Das waren die Regeln. Und wir sollten nicht gegen die Regeln verstoßen.

Darum atmete ich tief durch, schluckte meinen Schmerz herunter und sah Schlafmütze Sampson böse an.

Sie warf ihren Füller nach mir. Ich erzähle keine Lüge. Sie schmiss tatsächlich ihren Füller nach mir!

Es war einer dieser tintengefüllten Füller, die alle eingebildeten Mädchen damals benutzten. Ich persönlich habe sie nie gut gefunden; sie verursachten immer Tintenkleckse. Darum spritzte die Tinte natürlich überall herum. Blauer Regen spritzte über mein weißes Hemd. Und etwas davon gelangte sogar in meinen Mund. Es schmeckte alkalisch, synthetisch, ölig und sauer.

Ich schaute Schlafmütze Sampson drohend an.

Sie warf ihren Radiergummi nach mir. Dann schmiss sie ihr Schulbuch nach mir. Sie sprang über den Tisch, packte meinen Kragen und stieß mich weg. Mein Stuhl kippte um und ich fiel zu Boden.

»Du bist nicht mehr der Junge, den wir alle geliebt haben«, knurrte sie. Du bist nicht mehr der Junge, den *ich* geliebt habe!«

Ihre rechte Handfläche schlug auf meine linke Wange, während ihre linke Handfläche auf meine rechte Wange knallte. Sie schlug mich wieder und wieder; links, rechts, links, rechts; im immer schneller werdenden Takt eines hungrigen Presslufthammers.

Was für eine Schande das war! Was für eine Schande, von einem Mädchen geschlagen zu werden! Einem spindeldürren Mädchen! Einem Mädchen, das die meiste Zeit schlafend verbrachte.

Dafür schämte ich mich noch Jahre später.

Der Egot wand sich in Schmerzen. Er bekam jeden Schlag ab, der in meine Richtung zielte. Aber er konnte den Schlägen nicht so widerstehen wie ich . Seine Wangen waren zu zerbrechlich. Und so kam es, dass sich seine Wangenknochen regelrecht invertierten. Sie drückten in seinen Mund und übten Druck auf sein Gehirn aus. Das Gesicht des Egots wurde eiförmig. Dann wurde es birnenförmig. Eines seiner Augen sprang heraus, federte von seinem Bauch ab und rollte in eine Pfütze voller Flüssigkeit.

Die Schläge gingen weiter.

Auch Frau Balding kam. Sie eilte zwischen den Tischen und Stühlen durch. Ihre Frisur kämpfte ums nackte Überleben.

»Also wirklich Sampson!« schrie sie. »Was glaubst du, was du da tust?«

»Wirklich Yew. Was um Himmels Willen hast du getan, um sie so zu provozieren?«

Sie hob Schlafmütze Sampson von mir herunter.

»Wirklich Yew!« rief sie. »Ich dachte, diese Art von Benehmen hättest du hinter dir.«

Mein Gesicht brannte. Es tat weh, juckte und war rot.

»Was ist passiert?«

Ich zitterte.

»Rede mit mir!«

Ich sah zu Frau Balding hoch und flüsterte:

»Ich darf während der Ruhezeit nicht sprechen.«

»Ich habe dir eine Frage gestellt«, keifte meine Lehrerin zurück. »Wirklich Yew! Stell dich nicht so an.«

Ich schüttelte meinen Kopf und meine Lippen blieben verschlossen. Es war ausgeschlossen, dass ich diese Regel brechen würde.

»Wenn du nichts sagst, werde ich dir permanenten Hausarrest erteilen!«

Ich sprach nicht. Ich schloss einfach meine Augen und sah in mich selbst hinein.

Ich sah den Egot.

Der Egot wurde von einer tödlichen Übelkeit erfasst. Spasmen durchzuckten seine Muskeln mit horrender Brutalität. Er röchelte so sehr, dass weiße Kreideblasen aus seinem Mund kamen. Und er schnappte auf so verzweifelte Weise nach Luft, dass mein Kopf vor Schmerz pochte.

Ich wusste nicht, was ich fühlen sollte.

Der rechte Am des Egots schoss in seine Brust. Pop! Einfach so. Er verschwand vollkommen.

Der linke Arm des Egots folgte gleich danach. Sein rechtes Bein fiel ab. Das linke Bein wurde lahm.

Der Egot schaute aus hohlen Augen zu mir auf. Mit *meinen* hohlen Augen! Und mit seinem letzten Atemzug sagte er:

»Auf Wiedersehen, alter Freund. Denke einfach daran, dass ich immer nur das Beste für dich wollte. Ich habe dich immer geliebt.

Ich habe immer nur gewollt, dass du *Du* selbst bist.«

KAPITEL DREIZEHN

Der Egot starb. Und dann zersetzte er sich. Ich musste einen ganzen Monat lang mit dem Gestank seines verwesenden Körpers in meinem Gehirn herumlaufen. Gott, tat das weh! Es fühlte sich an, als ob alle Pferde Caesars über meinen Kopf rasten und auf meiner Schädeldecke herumtrampelten wobei sie mich mit ihren Hufen niederdrückten und mit ihren Beinen zermalmen wollten

Mein Kopf pulsierte. Meine Augen tränten und meine Stirn verfärbte sich Dunkel-Violett.

Der Leichenstarre des Egots folgte eine Art von Verwesung. Sein Körper blähte sich auf wie ein Ballon voller stinkendem Gas und Trostlosigkeit. Schaum tropfte aus seiner Nase, seinem Mund und dem After. Eiter tropfte aus seinen leeren Augenhöhlen.

Mein Kopf hämmerte wie eine Lautsprecherbox beim Rave.

Der Körper des Egots zerfiel. Seine dünne Haut wurde zu Asche. Würmer zerfraßen seine Knochen. Und meine Gehirnmasse absorbierte seine Überreste.

Meine Schmerzen begannen abzuklingen.

Dann, an einem trüben Herbstabend, wurden endlich die letzten Überreste des Egots weggeblasen. Meine Nasenflügel öffneten sich weit und sogen die erfrischendste Luft ein, die ich je gerochen habe. Meine Lungen schienen vor Aufregung zu zerbersten.

Ich fühlte eine überwältigende Leichtigkeit.

Endlich war ich frei.

KAPITEL VIERZEHN

Der Herbst meiner Kindheit verwandelte sich in den Winter meiner Jugend.

Wenn es etwas gab, was diesen Abschnitt meines Lebens definierte, so war es meine Unterwürfigkeit gegenüber Autorität.

Ohne dem Egot an meiner Seite war ich einfach unfähig, mich gegenüber Leuten in Machtpositionen zu behaupten.

Ich folgte Lao Tzus Rat nicht, *auf eine nicht intelligente Behandlung intelligent zu reagieren*. Ich fügte mich jeder *nicht intelligenten Behandlung*, die meines Weges kam.

Warum das so war, ist nicht schwer zu verstehen.

Jahrelange Beeinflussungen hatten mich in einen folgsamen kleinen Roboter verwandelt, wie eine der Ratten aus Sinners Experimenten. Ich befolgte alle Regeln. Ich musste weder bedroht noch bestochen werden. Ich fügte mich einfach.

Und das war nicht nur bei mir so.

Unterwürfigkeit gegenüber Autorität ist die Norm in unserer Gesellschaft. So hat es der Sozialpsychologe Stanley Milgram nachgewiesen...

Milgram führte ein Experiment durch, bei dem zwei Personen verschiedene Rollen übernahmen. Herr Wallace, ein Schauspieler, der die Rolle eines Volontärs spielte, wurde in ein Zimmer geschickt. An seinen Armen waren Elektroden befestigt. Und einem echten Volontär sagte man, er solle in das angrenzende Zimmer gehen. Ihm gegenüber stand ein unechter Elektroschockgenerator mit dreißig Schaltern, die mit *15 Volt (Leichter Schock) bis 375 Volt (Gefahr!) und 450 Volt (XXX)* gekennzeichnet waren. Der echte Volontär dachte, dass sie zufällig für diese Rolle ausgesucht worden waren, dass sie auch die Rolle von Herrn Wallace hätten bekommen können und dass der Elektroschockgenerator echt sei.

Herrn Wallace wurde aufgetragen, sich eine Liste von Wortpaaren zu merken. Dann, als er bereit war, wurde der Volontär gebeten, ihn zu testen; er sollte Herrn Wallace ein Wort vorgeben und ihn bitten, mit dem anderen Wort des Wortpaars zu antworten. Der Volontär sollte Herrn

Wallace bei jedem Fehler einen Elektroschock verabreichen, dessen Stärke bei jeder falschen Antwort um eine Stufe gesteigert werden sollte.

Ich habe keine Ahnung, was Psychologen an Elektroschocks finden. Ich glaube, sie sind etwas sadistisch veranlagt. Aber zum Glück wurden bei Milgrams Experiment keine Ratten verwendet. Was mich betrifft war das definitiv ein Plus.

Wie dem auch sei, als das Experiment weiterging, musste dem Volontär klarwerden, dass Herr Wallace Schmerzen litt. Jedes Mal, wenn ihm ein Elektroschock verabreicht wurde, wimmerte der Schauspieler. Als die Stromstärke gesteigert wurde, begann er sich zu winden und zu schreien. Und als die Stromintensität die maximalen Stärken erreichte, schrie er vor Qual; er stieß höllisches Gekreische und spitze Todesschreie aus.

Wenn der Volontär fragte, ob er aufhören solle, wurde ihm von einem offiziell aussehenden Wissenschaftler gesagt: »Machen Sie bitte weiter.« Wenn die Volontäre erneut Bedenken äußerten, wurde ihnen gesagt, *dass es nötig sei, das Experiment weiterzuführen*. Dann, *dass es absolut essentiell sei, weiterzumachen*. Und schließlich, *dass sie keine andere Wahl hätten, als weiterzumachen*.

Die Resultate waren schockierend.

Zwei Drittel der Volontäre machten bis zur Endstufe weiter. Sie fuhren sogar dann noch fort, als Herr Wallace sich totstellte! Können Sie sich das vorstellen? Zwei Drittel von Allerweltsmenschen, Leute wie Sie und ich, waren bereit, einen unschuldigen Mann zu töten, nur, weil ein wissenschaftliches Experiment das verlangte! Diese Leute wurden von einer Autoritätsperson, einem Wissenschaftler im weißen Kittel, mehr beeinflusst als von dem Todesschrei eines sterbenden Mannes.

Warum, ist nicht schwer zu verstehen.

Unsere Gesellschaft bestärkt uns darin, Autoritäten zu gehorchen. Dafür verantwortlich ist die operative Konditionierung; wir werden belohnt, wenn wir die Regeln der Obrigkeit befolgen und bestraft, sobald wir diese Regeln brechen. Langsam aber sicher werden wir sanft in einen Zustand totalen Gehorsams gezwungen.

Nun, genauso wie die Volontäre von Milgrams Experiment war ich in solch einen Zustand gezwungen worden. Ich hätte alles getan, was Autoritätspersonen von mir verlangten. So lange sie echt aussahen, einen hochgestochenen Titel trugen und eine glaubwürdige Fassade präsentierten, hätte ich ihnen gehorcht, ohne auch nur eine Sekunde lang darüber nachzudenken.

Das war die Geschichte meiner Teenager-Jahre.

Es sind keine Jahre, bei denen ich mich lange aufhalten will. Ich möchte Sie, liebe Leserin und lieber Leser, nicht mit vielen Anekdoten langweilen, die alle auf das Gleiche hinauslaufen. Während es im ersten Teil dieses Buches um meine Kindheit ging, einen Zeitraum, in dem meine Eltern den nassen Ton von meiner Persönlichkeit geschabt und sie ihren Wünschen entsprechend geformt haben, möchte ich nun einen Schritt weitergehen und über mein frühes Erwachsenenalter sprechen, als die Effekte dieser Manipulation sichtbar wurden. Aber bevor ich das tue, sollte ich hier ein paar kurze Beispiele meiner Unterwürfigkeit angeben, einfach nur, um zu zeigen, wie ich drauf war...

Wie die Volontäre bei Milgrams Experiment, die alles taten, was die Wissenschaftler von ihnen verlangten, glaubte ich alles, was meine Lehrer mir erzählten, selbst dann, wenn sie logen.

Als sie mir sagten, Christophorus Kolumbus hätte die beiden Amerikas entdeckt, habe ich ihnen geglaubt. Ich dachte nicht daran, sie nach den Menschen zu fragen, die dort seit zehntausenden von Jahren gelebt hatten. Ich dachte nicht daran, etwas über die Wikinger zu lernen, die diese Reise bereits fünfhundert Jahre vor Kolumbus gemacht hatten oder die Afrikaner, die diese Reise Jahrhunderte früher unternahmen. (*Handel mit goldenen Speerspitzen*, nach Kolumbus persönlichem Tagebuch). Ich dachte überhaupt nicht. Ich akzeptierte einfach, was mir erzählt wurde.

Ich akzeptierte, dass wir einst ein *Großes Imperium* waren, das die Welt *zivilisiert* hatte. Ich akzeptierte, dass wir die bösen

Kommunisten und Faschisten besiegt hatten. Ich ignorierte die Tatsache, dass wir während alldem Millionen von Menschen getötet, Konzentrationslager erfunden und bei den Chinesen Opium eingeführt hatten. So etwas wurde einfach unter den Teppich gekehrt.

Meine Lehrer erzählten mir, dass die altägyptische Zivilisation von weißen Menschen gegründet worden war, trotz all der eindeutigen Beweise, dass ihre Gründer Schwarze gewesen waren. Sie erzählten mir, dass Papier und Druck Erfindungen des Westens seien, obwohl sie tatsächlich in China entwickelt wurden. Und sie erzählten mir, dass Galileo die Planetenbewegungen entdeckt hätte, wenngleich Schüler aus Timbuktu zwei Jahrhunderte vorher davon wussten.

Ich glaubte das alles. Ich verschlang diese Propaganda, ohne zweimal darüber nachzudenken. Ohne überhaupt zu denken. Ich fühlte mich gut bei dem Glauben, dass die meisten menschlichen Fortschritte von Weißen, genau wie ich selbst, gemacht wurden. Diese Art von patriarchaler

Überlegenheit der weißen Rasse ließ mein Ego anschwellen.

Naja, meine gesamte Ausbildung wurde von historischen Missrepräsentationen wie diesen geprägt. Historische Missrepräsentationen, die den Status Quo rechtfertigten. Historische Missrepräsentationen, die den Satus Quo *glorifizierten*.

Es ist, wie George Orwell sagte: *Wer die Vergangenheit kontrolliert, kontrolliert auch die Gegenwart. Und wer die Gegenwart kontrolliert, kontrolliert auch die Zukunft.*

Nun, meine Lehrer versuchten, meine Zukunft zu kontrollieren. Aber nicht nur sie. Oh nein! Das versuchten auch meine Eltern!

Wie meine Lehrer waren meine Eltern Autoritätspersonen. Das Gesetz gab ihnen *elterliche Rechte und Verantwortungen*, einschließlich dem Recht, Bestrafungen zu verhängen. Und ihre Religion verlangte: *Ehre deinen Vater und deine Mutter. Dann wirst du ein langes erfülltes Leben haben.*

Ich wollte ein *langes erfülltes Leben* haben.

Als meine Eltern mich also baten, an einer

Zeremonie für den Eintritt in das Erwachsenenalter teilzunehmen, um meine Zugehörigkeit zu *ihrer* Religion zu bestätigen, war ich geneigt, es zu tun. Schließlich waren sie Autoritätspersonen und ich war bloß ein folgsamer kleiner Junge. Was hatte ich für eine Wahl?

Trotzdem, ein kleiner Teil von mir, war sich nicht so sicher.

Es ist schwer, zu erklären. Es war nicht so, als wäre der Egot zurückgekehrt. Niemand drängte mich, mich zu weigern oder zu rebellieren. Aber etwas nagte an mir. Ein dunkles, sanftes Element des Zweifels, das unter der Oberfläche meines Bewusstseins pulsierte und fragte: *Möchte ich das wirklich tun? Möchte ich wirklich den unmoralischen, egoistischen Gott meiner Eltern glorifizieren? Einen Gott, der den Menschen Krankheiten, Kriege und Hungersnöte schickt? Einen Gott, der uns richtet, wie ein verrückter Diktator? Einen Gott der uns beeinflusst, uns mit dem Himmel besticht und mit der Hölle bedroht?*

Während eines Familienabendessens äußerte ich also, zwischen einem Mund voll in Soße getränkter Röstkartoffeln und

JOSS SHELDON | 137

salzigen grünen Bohnen, meine Bedenken.

Bitte versuchen Sie, das zu verstehen. Ich weigerte mich nicht. Das wäre ungezogen gewesen. Und ich war ein artiger kleiner Junge. Meine rebellischen Tage lagen hinter mir.

Aber dennoch drückte ich meine Bedenken aus:

»Ich glaube nicht, dass ich wirklich an der Zeremonie teilnehmen möchte«, sagte ich. »Ich meine, wenn es euch recht ist.«

Meine Familie war entsetzt.

Das Kinn meines Vaters schoss vor.

Meine Mutter meinte:

»Oh, Yew! Mein Engel! Sei ein braver Junge. Bitte sei ein braver Junge.«

Und mein Lieblingscousin nahm mich mit in das Büro meines Onkels, um mir etwas zu sagen.

»Denk an all die Geschenke, die du bekommen wirst«, erzählte er mir. »Leute, von denen du noch nie etwas gehört hast, werden dir Geld schenken! Du wirst mehr Geschenke bekommen als je zuvor. Es wird der größte Zahltag deines Lebens werden!«

Wir kehrten an den Tisch zurück.

Meine Großmutter sah mich drohend an.

Mein Gott, ich liebte meine Oma! Sie war für mich wie ein Portal in eine andere Zeit. Eine nach Lavendel duftende Göttin. Mütterlich. Sie gab mir immer Schokolade und Eiscreme. Immer lächelte sie, wenn sie mich sah.

Aber damals lächelte sie nicht.

»Wenn du nicht an der Zeremonie teilnimmst, bist du nicht mehr mein Enkelsohn«, sagte sie. »Ich werde dich verstoßen! Keiner meiner Enkel würde sich weigern, es zu tun.«

Ich erstarrte wie ein Reh im Licht der Scheinwerfer.

Meine Lippen wurden zu Holz.

Das Kinn meines Vaters schoss vor.

Nun, liebe Leserin und lieber Leser, ich denke, es fällt Ihnen nicht schwer, dies als einen Fall von operanter Konditionierung zu erkennen. Schließlich wurde ich mit Belohnungen bestochen (die Geschenke) und mit Bestrafung bedroht (Verstoßen).

Aber in der Phase meines Lebens brauchte ich nicht mehr bedroht oder bestraft zu werden. Man musste mir nur zeigen, dass das Problem ernst war. Das war alles.

Meine ganze Persönlichkeit war bereits angepasst worden. Meine Angst, bestraft zu werden, war so groß, dass ich nicht bedroht werden musste. Meine Vorstellungskraft füllte die Lücken. Ich stellte mir weitaus schlimmere Bestrafungen vor, als von meiner Großmutter verstoßen zu werden. Ich stellte mir vor, von meiner ganzen Familie verstoßen zu werden. Ich dachte daran, von Familien-Abendessen, Ausflügen und Ferien ausgeschlossen zu werden. Ich stellte mir vor, ignoriert zu werden, als sei ich unsichtbar; als würde ich nicht existieren.

Ich war schwach, wie ein in den Seilen hängender Boxer, der auf kleinstem Raum von einem weitaus überlegeneren Kämpfer herumgestoßen wird. Ich konnte mich nicht selbst behaupten. Alles, was ich tun konnte, war meinen Kopf zu bewegen; ein vergeblicher Versuch, den Schlägen auszuweichen.

»Mein lieber Yew!« wiederholte meine Mutter. »Bitte sei ein lieber Junge.«

Und ich hörte auf sie. Ich benahm mich tatsächlich wie ein braver Junge. Ich gehorchte meiner Familie, genauso wie Milgrams Volontäre den Wissenschaftlern gehorcht hatten.

Ich tat es, weil es offensichtlich wichtig für meine Familie war. Es war etwas, von dem ganz klar erwartet wurde, dass ich es tat. Und das genügte. Mir musste weder gedroht noch musste ich bestochen werden. Man musste es mir einfach nur befehlen. Dieser selbstlose Drang, den ich verspürte, dieses tiefsitzende Bedürfnis, anderen zu gefallen, übernahm die Führung und tat den Rest.

Ich ging jede Woche drei Stunden zu einer religiösen Messe. Zwei Mal pro Woche besuchte ich eine Abendschule. Und ich feierte jedes religiöse Fest, das kam.

Nach zwei Jahren, nahm ich schließlich an der Zeremonie zur Einführung in das Erwachsenenalter teil.

Ich glaube nicht, dass meine Eltern das je zu schätzen wussten. Sie haben niemals *danke* gesagt. Ich glaube, sie fanden es einfach selbstverständlich, dass ich tat, was sie wollten; dass ich mich respektvoll verhielt. Sie waren schließlich Autoritätspersonen. Man erwartete von mir, dass ich alles tat, was sie wollten. Ich hatte ein braver Junge zu sein. Für sie war das keine große Sache.

Jedenfalls passierte all das als ich ungefähr zwölf oder dreizehn war. An dieser Stelle gibt es nur einen weiteren Vorfall, den ich erwähnen möchte; ein Vorfall, der kurz bevor ich sechzehn wurde passierte.

Ich musste eine Entscheidung treffen, die meine gesamte Zukunft beeinflussen würde:

Sollte ich mir eine Arbeit suchen?

Sollte ich eine Lehre absolvieren?

Eventuell könnte ich an einem professionellen Kurs teilnehmen?

Eventuell könnte ich mich selbständig machen?

Vielleicht sollte ich ein Leben als Selbstversorger auf dem Land leben?

Oder vielleicht sollte ich die Schule weitermachen und dann zur Universität gehen?

Mir gefiel die Idee, als Selbstversorger zu leben. Mutter Natur nahe zu sein. So zu leben, wie es meine Vorfahren getan hatten.

Für meine Eltern gab es jedoch nur eine Option. Ich sollte in der Schule bleiben, ob es mir gefiel oder nicht. Meine Unterdrückung ging weiter.

»Du wirst zur Universität gehen«, sagte mein Vater zu mir. Er saß hinter seinem lederbeschichteten Schreibtisch und sah mit seinem schicken Anzug und seiner selbstgefälligen Art von Überlegenheit wie ein echter Boss aus, listig, lasterhaft. Sein Kinn schnellte vor und seine Augenbrauen hüpften vor Freude.

»Wenn du zur Universität gehst, werde ich dich unterstützen«, fuhr er fort. »Du wirst dich weder um Rechnungen und Gebühren noch um Essen und Unterkunft kümmern müssen.«

»Aber, wenn du die Schule verlässt, schmeiße ich dich raus. Du wirst in *meinem* Haus nicht mehr willkommen sein. Du wirst für dich selbst sorgen müssen, dort draußen in der großen bösen Welt.«

Belohnungen und Bedrohungen!

Belohnungen und Bedrohungen!

Ich dachte nicht, dass ich eine Wahl hätte. Obdachlos zu sein war eine schreckliche Vorstellung. Ich stellte mir vor, wie ich unter den dreckigen Bögen in einem vollen

Bahnhof lag, voller Ruß, mit Würmer in meinen Taschen und Ameisen in meinen Haaren. Ich stellte mir vor wie ich regelmäßig ausgeraubt, geschlagen und vergewaltigt wurde.

Und ich dachte auch über meinen Vater nach. Ich fühlte mich ihm gegenüber verpflichtet meine Ausbildung fortzuführen. Es bedeutete ihm offensichtlich sehr viel. Und ich wollte ihn ja glücklich machen. Ich glaubte wirklich, dass er sich freuen würde, wenn ich weiter zur Schule ging. Ich träumte davon, dass er lächeln und *danke* sagen würde.

Ich glaube, ich muss unter dem *Stockholm-Syndrom* gelitten haben.

Ich blieb also in der Schule und besuchte die Universität. Bitte verstehen Sie, nicht, weil ich das wollte. Nicht, weil ich darin irgendeinen Nutzen sah. Ich habe es getan, weil Autoritätspersonen es von mir erwarteten. Meine Eltern und meine Lehrer erwarteten es von mir. Meine Gesellschaft erwartete es von mir. Das war es, was weiße Jungs aus der Mittelklasse zu tun hatten. Und so tat ich es. Ich habe es für sie getan.

Es war selbstlos. Es war unterwürfig.

Ich verbrachte weitere fünf Jahre in dem Schulsystem, dass mich schon so sehr unterdrückt hatte. An der Universität meiner Wahl wurde ich abgelehnt, also ging ich zu einer, die mir nicht wirklich gefiel. Und ich besuchte die meisten meiner Vorlesungen.

Mir wurde gesagt: *Das ist die wissenschaftliche Wahrheit - es gibt keinen Grund, es in Frage zu stellen.* Diese Theorie ist wahr, wenn wir A, B und C annehmen. Und: *Sie können über alternative Ansichten lesen - aber sie werden nicht im Examen vorkommen.*

Ich lernte, wie man argumentiert. Sie nannten es Debatte. Ich lernte zu huldigen. Ich lernte ein ehrgeiziger Arbeiter und ein passiver Verbraucher zu werden.

Aber ich lernte nichts Praktisches, wie man Wasser reinigt zum Beispiel, ein Haus baut, ein Feuer anzündet, Gemüse und Obst anbaut oder wie man ohne die Hilfe von Konzernen überlebt.

Ich lächelte. Ich gab vor, glücklich zu sein. Ich sagte mir selbst, dass andere Leute schlechter dran waren als ich. Ich meine, ich hatte immerhin etwas zu essen und eine Bleibe. Einige Menschen hatten nicht einmal das. Wer war ich, mich beschweren zu dürfen?

Ich machte das Beste aus einer schlechten Situation.

Ich besorgte mir sogar meine allererste wirkliche Freundin, Georgie; ein üppiges Mädchen mit einem scharfen Intellekt und noch schärferer Zunge. Sie trug ein unglaubliches Parfüm und ihre Kleidung strahlte beiläufige Eleganz aus. Ihr Haar war prächtig und ihre Haut fühlte sich an wie Seide.

Ich fühlte mich beinahe glücklich, wenn ich mit Georgie zusammen war. Wann immer ich sie sah, hatte ich das Gefühl, Schmetterlinge im Bauch zu haben. Manchmal sagte sie wirklich tiefsinnige Sachen. Dinge, die bei mir Gänsehaut verursachten. Im Schlaf atmeten wir im gleichen Rhythmus.

Ja, Georgie war großartig. Sie hat es geschafft, dass ich mich wie ein richtiges menschliches Wesen fühlte. Sie hat mir wirklich durch diese ambivalenten Jahre geholfen. Ich dachte, sie wäre *Die Richtige.*

Auch in der Universität fand ich Freunde. Nach unserem Abschluss blieben wir in Verbindung.

Und ich machte meine Sache eigentlich recht gut. Ich denke, es lag an meiner *Alles oder Nichts-Persönlichkeit.* Obwohl ich eigentlich nicht zur Uni gehen wollte, wollte ich es dennoch schaffen, wo ich ja nun schon mal da war. Ich war *voll dabei.*

Ich glaube jedoch nicht, dass meine Eltern all die Opfer, die ich für sie gebracht habe, je geschätzt hätten. Mein Vater hat mir als Belohnung für mein gutes Abschneiden etwas Geld gegeben. Das war nett. Ich freute mich über die Geste. Aber es war eine Belohnung für gute Leistungen. Es war kein *danke*, weil ich überhaupt hingegangen war. Mein Vater hat niemals danke gesagt, dass ich zur Uni gegangen bin. Nie. Kein einziges Mal.

Wegen meiner guten Zensuren war auch meine Mutter mit mir zufrieden:

»Oh Yew!« freute sie sich. »Du bist so ein guter Junge. Ich bin so stolz auf dich, mein Engel. Du hast meine Erwartungen übertroffen!«

Aber *danke*, dass du zur Universität gegangen bist, sagte auch sie nicht.

Das tat weh. Es tat so sehr weh. Ich fühlte mich, als ob mich jemand mit einem rostigen Messer in die Brust gestochen hätte. Als wenn mir jemand mein Herz herausgerissen und durch ein offenes Fenster hinausgeschossen hätte.

Ich hatte diesen Leuten fünf Jahre meines Lebens gegeben! Fünf Jahre!

Nun, dieser Betrug forderte seinen Tribut. Unsere Beziehung wurde heftig strapaziert. Hin und wieder sahen wir uns noch, aber es gab keine Wärme. Keine Liebe. Nicht viel von irgendetwas.

Zwischen uns öffnete sich eine massive Kluft.

Wir trieben ganz einfach auseinander.

KAPITEL FÜNFZEHN

In der Schule hatte man mir gesagt, ich solle weitermachen. Das Witzige ist, das meine Lehrer meinten, mein Leben würde mit einer Ausbildung besser verlaufen. Sie sagten, es würde mir helfen, einen guten Job zu finden.

Aber das war nicht so.

Ich bekam niemals einen guten Job, obwohl ich mich bei hunderten Stellen bewarb, die für Universitätsabsolventen geeignet waren. Für meine harte Arbeit wurde ich niemals belohnt.

Natürlich legte ich mein Diplom oben auf meinen Lebenslauf. Bei jedem Interview, legte ich besondere Betonung auf meine guten Noten. Aber meine Interviewer schienen daran nie so recht interessiert zu sein. Sie hielten sich immer an die Fragen, die vom Management im Vorab genehmigt worden waren:

Wo sehen Sie sich selbst in fünf Jahren?

Was sind Ihrer Meinung nach Ihre größten Stärken und Schwächen?

Welche drei Dinge würden Sie haben wollen, wenn Sie auf einer einsamen Insel festsitzen würden?

Wenn Sie ein Tier sein könnten, welches Tier wären Sie dann?

Warum sind die Abdeckungen von Falltüren rund?

Ich taugte nichts bei diesen Interviews.

Man sagt, dass Interviewer einen bereits innerhalb der ersten paar Sekunden nach dem Kennenlernen beurteilen. Macht man einen guten ersten Eindruck, hat man gute Aussichten, den Job zu bekommen, unabhängig davon, wie gut man beim Interview selbst abschneidet. Unabhängig von Qualifikationen oder Arbeitserfahrung.

Leider ist es mir nie gelungen, einen guten ersten Eindruck zu machen. Ich bin nicht attraktiv genug, um auf Leute wegen meines Aussehens Eindruck zu machen. Ich habe noch nicht einmal genug Charme um mich bei ihnen einschmeicheln zu können. Und ich sehe komisch aus, wenn ich versuche ihre Körpersprache nachzuahmen.

Ja, das sollte man nämlich tun. Psychologen sagen, es helfe, eine Beziehung aufzubauen. Aber bei diesen Sachen fühlte ich mich immer unwohl. Ich fühlte mich immer unehrlich.

So blieb mir nach fünf Jahren weiterführender Ausbildung und einem täglich anwachsenden Schuldenberg, keine andere Wahl, als eine Arbeit in einem Call Center anzunehmen. Ich wurde ein Geldsammler für Wohltätigkeitszwecke.

Georgie bekam in der Zwischenzeit eine viel bessere Arbeit. Sie verließ mich und zog mit einem erfolgreichen Mann zusammen. Und ich kann nicht behaupten, dass ich ihr Vorwürfe machte; ihr Leben verlief nach Plan und meines offensichtlich nicht. Aber so abserviert zu werden, versetzte meinem Selbstwertgefühl einen Schlag. Meine Haut spannte sich. Dadurch fühlte sich mein Schädel an, als würde er zermalmt.

Ich verbrachte Nacht für Nacht damit, in mein Kissen zu heulen. Sobald ich mit dem Heulen fertig war, stieg Ärger in mir auf. Ich drosch auf mein Kissen ein, wieder und wieder: Bumm! Bamm! Bumm! Und dann begann ich, mich einsam zu fühlen. Ich umarmte mein Kissen, als sei es meine Partnerin.

Ja, mein Kissen musste in diesen Wochen

höllische Schläge einstecken.

Dann passierte es mir erneut. Ich hatte ein Auge auf ein Mädchen geworfen, das bei der Arbeit neben mir saß, Steph. Sie war nett; ihre Augen sahen aus wie Kiwi-Scheiben und ihr Mund ähnelte einer Pflaume. Aber Gemeinsamkeiten hatten wir nicht viele. Unsere Beziehung war von intensiv physischer Art, aber bei Steph bekam ich nie Gänsehaut wie bei Georgie. Mein Herzschlag setzte nie aus, wenn ich sie sah. Und, obwohl ich nicht stolz darauf bin, ich nahm es ihr übel, die gleiche Stellung zu zu haben, wie ich, obwohl sie über keinerlei formale Qualifikationen verfügte.

Jedenfalls, ich bin vom Thema abgekommen. Ich hatte von meiner Arbeit gesprochen...

Es wäre falsch zu sagen, dass mein Job schlecht war. Ich verdiente genug, um über die Runden zu kommen, die Arbeitsbedingungen waren sicher und ich kam gut mit meinen Kollegen aus. Aber es wäre auch falsch zu behaupten, dass mein Job gut war. Ich verdiente nicht genug, um mir eine Wohnung kaufen zu können, die

Arbeit war langweilig und das System ächzte unter dem Gewicht von einer Millionen Scheißregeln.

Man musste sich einschreiben, wenn man ankam. Man bekam eine Geldbuße in der Höhe eines Stundenlohns, wenn man zwei verschiedene Socken trug. Wenn man ein Logo auf seinem T-Shirt hatte, musste man es mit Klebeband abdecken. Wer unrasiert war, musste sich mit einem Ein-Klingen-Rasierer rasieren. Wer eine Banane essen wollte, musste sie in Scheiben schneiden, damit es nicht aussah, als würde man eine sexuelle Handlung vornehmen. Es gab eine strenge *Kein Sex im Konferenzzimmer* Regel, an die sich jeder halten musste.

Das Wort *Problem* durfte man nicht aussprechen, nur das Wort *Herausforderung*. Wir hatten keine *Bosse*, wir hatten *Teamleiter*. Jeder, der nicht gespendet hatte, wurde ein *zukünftiger Spender* oder *noch nicht bereit zu spenden* genannt. Wir konnten kein *Brainstorming* veranstalten, weil es zu gefährlich klang. Stattdessen mussten wir *Ideen-Duschen* abhalten. Uns wurde gesagt, dass unsere

Herangehensweise an die Arbeit *holistisch* sein müsse. Wir mussten abstrakte Konzepte wie *Ansporn, 360°-Denkungsweise und Vor-Vorbereitung* verwenden.

War man am Ende seiner Schicht mitten in einem Anruf, musste man länger bleiben, um das Gespräch zu Ende zu führen aber für Überstunden wurde man nicht bezahlt. Man musste Pausen machen, ob man wollte oder nicht, aber auch dafür wurde man nicht bezahlt. Die Firma änderte unsere Schichten, wie es ihnen passte.

Und dann war da noch die Arbeit an sich.

Ich musste die Sponsoren verschiedener Charités überreden, jeden Monat Geld über Direct Debit zu spenden. Wenn sie bereits über Direct Debit spendeten, musste ich sie dazu ermutigen, die Höhe ihrer Spendensummen zu steigern.

Ich liebte das Konzept. Mir gefiel die Idee, viel Geld für gute Zwecke zu sammeln. Ich dachte, ich würde dabei helfen, die Welt zu einem besseren Ort zu machen; die Armut zu beenden, die Umwelt zu schützen und die Rechte misshandelter Minderheiten durchzusetzen. Ja, ich glaubte wirklich, zur

Gesellschaft beizutragen.

Ich denke schon, dass ich etwas bewirkt habe. Vielleicht machte es nur einen kleinen Unterschied, aber immerhin einen Unterschied. Ich kanalisierte meine selbstlosen Bedürfnisse auf produktive Weise.

Aber es wäre falsch, zu behaupten, dass alles rosig aussah.

Ich saß an einer Gruppe von Schreibtischen, die ich mir mit fünf anderen Spendensammlern teilte. Der gebohnerte Boden reflektierte weißes Licht. Der Geruch nach angespitzten Bleistiften wehte durch die Luft.

Das Fertigbaubüro erinnerte mich an die Schule, die ich als Kind besucht hatte. Das betrachtete ich jedoch nicht als etwas Schlechtes. Ich litt nicht so unter den Effekten, meines Mangels an Naturverbundenheit, wie dies in der Schule der Fall gewesen war. Ich fühlte mich in dem Büro regelrecht zuhause. Der Ort kam mir bekannt vor. An solchen Orten hatte ich mich so lange aufgehalten, dass sie für mich zum Standard geworden waren. Es war beinahe, als hätte mich meine Schulzeit auf ein solches Umfeld vorbereitet.

Nun ja, ich saß Tag für Tag in diesem Büro und machte einen Anruf nach dem anderen:

»Hallo«, sagte ich. »Hier spricht Yew von Charité X. Spricht dort Frau Jones?«

»Ja, wer spricht dort?« antwortete Frau Jones normalerweise. Frau Jones war eine zerbrechliche Pensionärin mit gebrochener Stimme und einem gütigen aber verletzlichen Herzen.

»Hier ist Yew von Charité X«, wiederholte ich.

»Ohhh«, erwiderte Frau Jones mit einer gewissen Ängstlichkeit. »Charité X! Oh ja, ich mag Charité X. Sie leisten viel gute Arbeit bei dem Problem Y.«

»Ich freue mich, dass Sie so denken! Wissen Sie, was sie bezüglich Problem Y unternehmen?«

»Ich habe gehört, sie machen die Sache A.«

»Ja, das tun sie! Und sie machen auch die Sache B, die Sache C und die Sache D! Sie sind jeden Tag dort draußen, wo sie alles tun, was in ihrer Macht steht, um mit Problem Y fertig zu werden. Und wissen Sie was?«

»Was?«

»Es funktioniert, Frau Jones! Ich erzähle keine Lügen; es macht einen wirklichen Unterschied. Wissen Sie, Charité X hat letztes Jahr dabei geholfen, die Effekte von Problem Y um zehn Prozent zu reduzieren. Es ist wahr! Volle zehn Prozent!«

»Ohhh, das ist schön.«

»Und das haben sie Leuten wie Ihnen zu verdanken, Frau Jones. Ohne ihre Unterstützung wären sie nichts.«

»Nun, das weiß ich nicht. Aber ich tue, was ich kann.«

Frau Jones neigte dazu, an diesem Punkt der Unterhaltung etwas unsicher zu erscheinen. In Ihrer Stimme klangen Zweifel mit. Ihre Worte tendierten dazu, hohl zu klingen.

»Langsam, langsam«, versicherte ich ihr dann. »Seien Sie nicht so bescheiden, Frau Jones. Sie bewirken einen wirklichen Unterschied. Einen echten Unterschied! Aber leider ist es *nicht ganz* ausreichend.«

»Nicht ausreichend? Was meinen Sie?«

»Nun, unsere Vorhersagen zeigen, wenn

wir nicht bald agieren, könnte das Problem Y im nächsten Jahr um einhundert Prozent wachsen. Es könnte sich verdoppeln! Und das ist der Grund unseres Anrufs. Wir brauchen *Ihre* Hilfe, Frau Jones. Sie könnten den Ausschlag geben!«

Wenn Frau Jones eine Antwort auf diesen Kommentar gab, klang ihre Stimme mitgenommen. Manchmal stammelte sie. Manchmal prustete sie hervor: »Das ist eine schreckliche Situation«, sagte sie dann. »Aber ehrlichgesagt, weiß ich nicht, wie ich helfen könnte. Ich bin nur eine kleine alte Dame.«

Dann versicherte ich: »Oh, aber Sie können helfen, Frau Jones, das können Sie wirklich. Sehen Sie, Charité X muss ihre Anstrengungen verdoppeln, um die echte und gegenwärtige Gefahr von Problem Y abzuwenden. Aber zunächst müssen sie ihren Kampf-Fundus verdoppeln. Und darum haben wir Sie angerufen; um Sie zu fragen, ob Sie die Freundlichkeit hätten, Ihre monatliche Spende zu verdoppeln. Das würde Charité X helfen, die Arbeit zu verdoppeln!«

»Das weiß ich nicht«, würde Frau Jones dann antworten. Ihre Stimme würde brüchig klingen, würde regelrecht brechen. Sie würde heiser werden.

»Ich bin Pensionärin, müssen Sie wissen. Ich habe kein Geld übrig. Und ich spende bereits für Charité X.«

»Das tun Sie, Frau Jones. Und wir wissen das wirklich zu schätzen. Ihre Spenden bewirken wirklich etwas. Sie helfen uns, mit dem von Problem Y verursachten Schwierigkeiten fertig zu werden. Aber leider reicht es nicht ganz. Wenn wir es schaffen wollen, Problem Y ein für alle Male zu beseitigen, müssten wir Sie bitte, sich etwas mehr zu beteiligen.«

»Etwas mehr beteiligen?«

»Etwas mehr spenden.«

»Etwas mehr habe ich nicht.«

»Oh, aber Frau Jones, sie haben es! Sie haben es wirklich! Sie brauchen nur *hier* ein bisschen zu sparen und *dort* etwas zusammenzukratzen. Stellen Sie Ihre Heizung auf eine niedrigere Stufe, und sparen Sie so etwas an Ihrer Stromrechnung. Statt zu baden könnten Sie duschen und so auch an Ihrer Wasserrechnung sparen. Zusammenkratzen und sparen, dann ist Ihnen der Sieg gewiss! Dann werden Sie ihre Spende verdoppeln können. Einfach so! Eins, zwei drei, Hühnerei! Sie werden uns wirklich helfen können, mit Problem Y fertigzuwerden.«

»Ich bin mir nicht sicher, ob ich so sparen könnte. Ich bade nicht.«

»Doch, das können Sie, Frau Jones. Sie können es schaffen. Ich glaube an Sie.«

»Ach, Sie sind so ein liebenswerter junger Mann.«

»Danke, Frau Jones.«

»Aber ich kann es mir nicht leisten, meine Spende zu verdoppeln.«

An diesem Punkt der Konversation klang Frau Jones üblicherweise selbstsicherer. Eingebildet selbstsicherer. Sie hatte den Mut ihrer Überzeugungen wiederentdeckt. Ihr Vertrauen.

Dieses Vertrauen zu meinem Vorteil auszunutzen, war meine Stärke. Ich tat dann so, als hätte ich klein beigegeben. Ich gab Frau Jones das Gefühl, als ob sie mich geschlagen hätte:

»Ich weiß, ich weiß«, würde ich dann sagen. »Es sind schwere Zeiten und Sie tun ja bereits viel. Ich verstehe das. Wie wäre es denn, wenn wir uns nach Ihnen richten? Frau Jones, glauben Sie, Sie könnten Ihre Spende um nur zwanzig Prozent erhöhen? Denken Sie, dass Sie sich das leisten könnten?«

»Nun ja, ich denke, das könnte ich mir leisten. Das hört sich vernünftiger an.«

»Also gut, das werde ich dann sofort für Sie aufsetzen!«

»Ich legte dann auf, kreuzte ein paar Kästchen an und machte das nächste Telefonat.«

Gott allein weiß, was mit all den Herrn und Frau Jones, die wir anriefen, geschah. Das haben wir nie erfahren.

KAPITEL SECHZEHN

Ich war gut in meinem Job. Ich war nicht der beste Spendensammler aber ich war bei weitem auch nicht der Schlechteste. In der Regel fand ich meinen Namen auf der Rangliste der Topleute unter den besten fünf. Dort wurden wir je nach Anzahl der durch uns getätigten Abschlüsse eingestuft.

Es erweckte in mir ein Gefühl des Stolzes. Ein warmes und anheimelndes Gefühl erfüllte mich.

Ich musste gut sein. Spendensammler, die ihre Zielsetzung nicht erreichten, erhielten keine Arbeit mehr. Sie wurden nicht im eigentlichen Sinne entlassen, sie hörten einfach auf, beschäftigt zu werden.

Aber ich bin mir nicht sicher, dass mein Erfolg mich je glücklich gemacht hat. Das soll nicht heißen, dass er mich unglücklich machte, bitte verstehen Sie das richtig. Es ist einfach nur so, dass ich eigentlich gar nichts gespürt habe. Ich nehme an, man hätte mich apathisch nennen können.

Die Hochgefühle waren wie weggeblasen. Nie bekam ich ein Stück von Beethoven für meine Seele. Nie beschleunigte sich mein

Puls und nie pumpte Adrenalin durch meine Adern.

Und weg waren auch die Tiefs; die Bestrafungen; das Zittern, Angst und Schmerz.

Ich glaube, es war die Abwesenheit des Egots, die diese Apathie verursachte.

Sie werden vielleicht bemerkt haben, dass ich auf den letzten paar Seiten den Egot nicht erwähnt habe. Und das mag Ihnen seltsam erscheinen. Die erste Hälfte meiner Geschichte, drehte sich vollständig um diese Figur, die nun ganz verschwunden ist. Ich habe sie kaum erwähnt. Das mag seltsam erscheinen. Ungewöhnlich. Widersprüchlich. Vielleicht hat das jetzt in Ihnen ein Gefühl der Unerfülltheit ausgelöst.

Aber die Wahrheit ist, dass der Egot in meinem Erwachsenenleben keine Rolle spielte. Ich dachte kaum noch an ihn. Ich hatte so gut wie vergessen, dass er je existiert hatte. Ich hörte seine kleine Stimme nicht mehr. Und aus diesem Grund kommt der Egot in diesen Kapiteln nicht vor.

Als der Egot starb, nahm er meine Andersgläubigkeit mit sich. Meinen

Freigeist. Er nahm meine Fähigkeit mit, mich von meinen Fesseln zu befreien. Meine Fähigkeit, mich zu fühlen, als befände ich mich auf dem Dach der Welt. Und er hatte auch den zermürbenden Schmerz mitgenommen, den ich immer dann fühlte, wenn ich angeschrien oder bestraft wurde. Die Angst und den Stress. Er hatte die Höhen *und* die Tiefen mitgenommen.

Ich blieb mit einer extremen Art von Neutralität zurück. Eine Art von Neutralität, die jedes bisschen Leben aus meinem Wesen saugte. Aber eine Art von Neutralität, die gleichzeitig vorgab, mein Freund zu sein. Ich war dankbar dafür. Ich war dankbar dafür, dass ich in der Lage war, auf solider Basis zurechtzukommen, ohne je irgendwelche emotionalen Extreme, wie zum Beispiel Euphorie, Verzweiflung oder Angst, zu erleben.

Diese Neutralität löste in mir eine gewisse Art von Gefühlslosigkeit aus.

Tage wurden zu Wochen und Wochen zu Jahren. Die Gegenwart verschlang die Vergangenheit und schied dann die Zukunft aus. Ich schlug im wahrsten Sinne des

Wortes die Zeit tot; ich reihte bunte Süßigkeiten auf meinem Telefon auf, las Klatschgeschichten und füllte das tägliche Sudoku aus. Eine Neun in dieses Kästchen und eine Zwei in das andere.

Ein Tag glich dem anderen.

Ich brauchte eine Stunde, um mich für die Arbeit fertigzumachen, eine Stunde, um an meinen Arbeitsplatz zu gelangen, neun Stunden Arbeit und eine Stunde für die Rückfahrt nach Hause. Ich war so müde, wenn ich zurückkam, dass ich nur mein Abendessen aß, eine dämliche Sendung im TV ansah und im Internet surfte. Dann schlief ich ein. Wenn ich am nächsten Tag aufwachte, wiederholte sich der ganze Prozess.

So zu leben, half mir, mich anzupassen. Jeder in unserem Büro schien einen ähnlichen Lebensstil zu haben. Wir liefen alle herum wie Zombies; mit leerem Blick und lethargischen Bewegungen. Wir schienen alle angepasst zu sein.

Diese Art der Anpassung ist eigentlich ziemlich normal. Es gab einen Psychologen namens Solomon Asch, der darüber eine

Studie gemacht hat.

Asch führte ein Experiment durch, bei dem ein Volontär mit sieben anderen Leuten an einem Tisch saß. Der Volontär glaubte, dass diese anderen Leute auch Volontäre seien, sie waren jedoch Schauspieler. Psychologen können ja so hinterlistig sein.

Jedenfalls bekamen die acht Teilnehmer jeweils zwei Karten. Auf der ersten Karte war eine gerade Linie gedruckt. Auf der anderen Karte waren drei Linien verschiedener Längen, die mit A, B und C gekennzeichnet waren.

Die Teilnehmer wurden dann gefragt, welche der drei Linien die gleiche Länge hätte, wie die Linie auf der ersten Karte. Die Antwort war immer offensichtlich. So gaben so ziemlich alle in den Experimenten, in denen jeder seine ehrliche Meinung äußern sollte, die korrekte Antwort.

Der Volontär, der nur sprach, nachdem alle Schauspieler geantwortet hatten, wurde mit der Auswahl konfrontiert, die richtige oder die beliebteste Antwort zu geben.

Was passierte also?

Etwa dreiviertel der Volontäre machten es

den Schauspielern gleich und gaben eine falsche Antwort. Dreiviertel! Das ist passiert!

Auf die Frage, warum sie diese Antworten gegeben hätten, antworteten die meisten Volontäre, dass sie sich nicht durch ihre Eigentümlichkeit lächerlich machen wollten; sie wollten sich anpassen. Das nennt man *Normativen Einfluss.* Einige Volontäre sagten jedoch, dass sie eigentlich glaubten, dass die anderen Teilnehmer Recht gehabt hätten! Sie hatten gedacht, dass diese Leute besser informiert seien als sie. Diese Art der Anpassung nennt man *Informativen Einfluss.*

Nun, genau wie diese Volontäre wollte ich nicht eigentümlich erscheinen. Ich wollte mich nicht lächerlich machen. Und ich wollte mich anpassen. Darum erlaubte ich dem *Normativen Einfluss* mein Benehmen zu lenken.

Und gleichzeitig stand ich auch unter dem *Informativen Einfluss.* Ich nahm selbstverständlich an, dass die Art, wie sich meine Kollegen benahmen, richtig war. Ich nahm an, dass sie etwas wussten, was ich nicht wusste. Daher tat ich Dinge, die nicht rationell waren, Dinge, die ich eigentlich nicht wirklich tun wollte, die ich einfach tat, weil andere sie auch taten. Ich nahm an, dass diese Dinge irgendeinen Wert haben müssten, auch wenn mir selbst das nicht einleuchten wollte.

Jeden Tag ging ich durch meine Abteilung und bot allen meinen Team-Kameraden an, ihnen eine Tasse Tee oder Kaffee zuzubereiten. Das tat ich nicht, weil ich es wollte. Meistens wollte ich selbst gar nichts zu trinken. Ich tat es, weil meine Kollegen es taten, also dachte ich, dass ich es auch tun sollte.

Ich begann, ins Fitness-Studio zu gehen, um mehr Muskeln aufzubauen, um nicht als zu mager aufzufallen. Ich fing an, die gleiche Art von Kleidung zu tragen, wie alle anderen. Und ich begann, wie alle anderen das gleiche Marken-Fastfood zu essen.

Ich begann beliebte Musik zu hören, das allgemeine Gedudel, wie man es bei den gängigen Radiosendern pausenlos hören kann. Ich sah mir langweilige TV-Shows an, damit ich am nächsten Tag bei der Arbeit mitreden konnte. Und ich beteiligte mich an dämlichem Small-Talk über Stars, Sport und das Wetter.

Zurückblickend auf diese Konversationen kann ich jetzt nicht anders, als an Lao Tzus Sprichwort zu denken: *Der Wissende spricht nichts. Der Sprechende weiß nichts.*

Nun, damals *wusste* ich nicht, was ich sagte. Und darum *redete* ich viel. Zum Teufel, sehr viel! Ich strengte mich richtig an, jeden einzelnen Tag mit all meinen Kollegen zu reden.

Ich nehme an, es war so, als würde ich die *operante Konditionierung* bei mir selbst anwenden. Ich kreierte eine Belohnung, wenn ich mich „angepasst" verhielt, wie alle anderen auch. Und ich kreierte eine Bestrafung für das Verhalten eines „sozial Ausgestoßenen", die ich bei „natürlichem" Benehmen bekommen hätte.

Ich überwachte mich selbst.

Ich war mein eigener Wächter! Mein eigener Kerkermeister! Mein eigener schlimmster Feind!

Diese eingebildeten Bestrafungen und Belohnungen beeinflussten mich so sehr, dass ich alles getan hätte, um mich anzupassen. Alles! Wirklich alles.

Und meiner Meinung nach zeigte es langsam aber sicher Wirkung...

Einige der anderen Spendensammler luden mich jeden Freitag nach der Arbeit in eine Kneipe ein. ich mochte weder die Kneipe noch das Bier, aber es gefiel mir, zu der Gruppe zu gehören. Es gab mir das Gefühl erwünscht zu sein. Und es bedeutete, dass ich drei Gruppen von Freunden hatte. Drei! Nicht nur eine. Drei! Da gab es meine Schulfreunde (ich sah immer noch regelmäßig Gavin Gillis und Amy McLeish), meine Freunde von der Uni und meine Arbeitskollegen. Ich verleugnete mein wahres ich, aber dafür wurde ich richtig beliebt. Das heiterte mich auf.

Ich begann meine Kollegen an meinen freien Tagen zu treffen. Hin und wieder besuchte ich sie bei sich zuhause. Gelegentlich gingen wir zusammen zu einem Gig oder einem Fußballspiel. Das gab mir das Gefühl, dazuzugehören. Es half mir, zurechtzukommen.

Die Eintönigkeit meiner Arbeit begann an mir zu nagen. Und die Zweifel an meiner Arbeit wurden größer. Aber ich blieb trotzdem bei der Firma, weil ich das Gefühl hatte, dass ich dorthin gehörte. Ich fühlte mich, als wäre ich einer der Jungs.

Und während die Zeit verstrich, vergaß ich, dass ich keine unnatürlichen Speisen oder diese gewöhnlichen Klamotten mochte. Die banalen TV-Sendungen hingegen trösteten mich. Und beim Small-Talk hörte ich auf, mir so blöd vorzukommen.

Ich dachte über diese Dinge nicht nach. Es waren einfach Dinge, die ich tat. Wie ein Roboter. Systematisch. Als Teil einer nicht in Frage gestellten Routine.

Ich wurde zu einer neuen Person; eingesogen in die Neutralität des Abgrunds, von sozialen Normen getröstet und befreit von der Last der Individualität.

KAPITEL SIEBZEHN

Ich übertraf meine Zielsetzungen, überredete massenweise alte Omis, Geld zu spenden, das sie nicht wirklich hatten.

Meinen Bossen gefiel das.

Sie ließen mich wissen, dass sie daran dachten, mich zu befördern. Nun, sie fragten mich nach meinen Bestrebungen und sprachen mit mir über das Leben als *Teamleiter*. Dann luden sie mich ein, nachts mit ihnen einen Streifzug durch die Stadt zu machen.

Ich dachte, dass ich nicht *nein* sagen könnte. Zu Autoritätspersonen sagte ich nicht *nein*. Ich war ein braver Junge. Und außerdem hatte ich wirklich den Wunsch, mich einzugliedern. Ich wollte mich anpassen.

Also begleitete ich sie, als sie nachts loszogen. Ich versuchte mich, wie diese Manager zu benehmen; genauso zu sprechen und zu handeln wie sie.

Wir gingen zuerst in eine Kneipe. Es war eine dieser langweiligen alten Kneipen, wo die Leute um des Trinken willens hingehen; es roch nach abgestandenem Bier und betrunkenen alten Männern.

Ich mochte nicht um des Trinken willens trinken. Aber jeder schüttete ein Bier nach dem anderen in sich hinein, darum dachte ich, dass ich das auch tun sollte. Ich dachte, es würde mir helfen, besser zu ihnen zu passen.

Dann besuchten wir ein Spielkasino. Ich war vorher noch nie in einem Kasino gewesen. Ich hatte immer gedacht, dass sie blöd sind. Ich meine, die Bank gewinnt immer! Du gibst ihnen dein Geld. Das zu tun ist doch ziemlich absurd.

Aber ich wollte dazugehören. Ich wollte mich anpassen. Also setzte ich mich an den Black Jack-Tisch, setzte auf jede Hand den Mindestbetrag und tat so, als würde ich mich amüsieren:

»Daran könnte ich mich gewöhnen«, log ich Herrn Morgan, unseren Geschäftsführer, an.

Herr Morgan erinnerte mich an Herrn Direktor Grunt. Vielleicht lag das an seinen buschigen Augenbrauen. Oder aber es lag an seiner gezwungenen Jovialität. Aber Herr Morgan hatte etwas an sich. Etwas Subtiles.

Etwas Brutales. Er hatte die Art eines Börsenmaklers und die Aura eines Henkers.

Naja, wir kamen gut miteinander aus, bis ich bei vierzehn Augen nicht weiterspielte.

»Warum haben Sie das getan?« schrie Herr Morgan. »Yew Shodkin. Yewy Shodkin! Sie sind offensichtlich kein Team-Spieler!«

Das tat weh. Es ließ meinen Magen absacken, wie ein Bleigewicht; er hämmerte gegen meine Bauchmuskeln und zog meine Lungen nach unten. Es tat weh, weil ich alles tat was ich konnte, um als Team-Spieler angesehen zu werden. Und es tat weh, weil ich keine Ahnung hatte, wovon Herr Morgan redete. Ich hatte nicht einmal mitbekommen, dass Black Jack ein Teamspiel ist.

Jedenfalls wurde ich trotz dieses Vorfalls zum nächsten nächtlichen Ausflug mit den Managern eingeladen. Und selbst zu der darauffolgenden Nacht lud man mich ein.

Diese Einladungen fanden alle paar Monate statt. Sie haben mir nie geholfen, eine Beförderung zu bekommen, aber sie haben doch dazu geführt, dass ich glaubte, eine Beförderung stünde ganz kurz bevor.

Sie gaben mir das Gefühl, dass ich gute Arbeit leistete.

Die ungefähr vierte oder fünfte dieser Touren, starteten wir in unserer üblichen Kneipe. Dann gingen wir in Richtung Kasino los.

Auf dem Weg hatte einer der Direktoren, der schlicht Deano genannt wurde, eine Idee. Er war ein ungepflegter Mann, dieser Deano. Er hatte ein loses Mundwerk, immer voller Obszönitäten und Blasphemien. Und er hatte immer verrückte Ideen:

»Hey Jungs!« freute er sich mit der Lebhaftigkeit eines betrunkenen Clowns. »Lasst uns in diesen verfickten Schuppen gehen! Zur Hölle ja... oh meine Nutten!«

Wir standen vor einer Oben-Ohne-Bar.

Der Eingang wurde von einem Türsteher bewacht. Er sah aus, wie der Nachwuchs einer Bulldogge, die sich mit einem Pinguin gepaart hatte. An seiner Seite warb ein Poster für *Nackte Zwerge*. Und oberhalb seines Kopfes kündigten ein paar auffallende rote Lampen *Mädchen! Mädchen! Mädchen!* an.

»Titten!!!« kreischte Herr Clough, der

leitende Buchhalter; er war ein rundlicher Mann dessen Körper die Form eines Fasses hatte und seine Beine ähnelten zwei Baguettes. »Möpse! Möpse! Möpse!«

Ich war überrascht. Gemäß meinen bisherigen Erfahrungen schrien Buchhalter normalerweise das Wort *Möpse* nicht mit voller Lautstärke. Zumindest nicht in der Öffentlichkeit.

»Reißen wir uns was auf!« jubelte Herr Schmidt, der rotgesichtige Chef der Personalabteilung.

»Weiber! Weiber! Weiber! grölte ein anderer Manager«

»Uii! Uii! Uii!« antwortete sein Kumpel.

Sie klatschten sich ab.

Ich hatte das Gefühl, dass ich mitmachen sollte.

»Nackte Mädchen!« schrie ich. »Nackte Mädchen muss man einfach lieben!«

»Das ist die richtige Einstellung«, antwortete Herr Morgan. Er grinste vor Glück. Eine verzerrte, schäbige Art von Glück. Und er legte seinen Arm um meine Schulter. Dann führte er mich hinein.

»Kommen Sie schon Yewy«, sagte er. »Wir

werden uns höllisch amüsieren, mein lieber Junge!«

Der Ort erschien mir wie die Hölle selbst. Der Platz um mich herum war pechschwarz. Ich fühlte mich in der Decke seiner Nichtheit dahinschmelzen. Und das obwohl überall rote Lichter leuchteten. Sie tauchten alles in einen höllischen Schein. Meine Augen begannen zu tränen.

Ich stolperte weiter und bald befand ich mich in einer u-förmigen Nische.

Ich kippte einen Tequila herunter und sah hoch zu der Stripteasetänzerin auf der Bühne.

An normalen Standards gemessen war ihr Körper wunderschön. Ihre Bewegungen waren, auf ihre eigene Art, sublim. Und trotzdem fand ich das Mädchen nicht anziehend. Ich hätte noch nicht einmal behaupten können, sie sei sexy. Ihre Augen waren leer. Sie bewegte sich wie ein Roboter.

Wir kippten alle noch einen Tequila herunter.

Herr Morgan sah in meine Richtung. Seine buschigen Augenbrauen schienen sich zu berühren. Sie sahen aus, wie ein ungepflegter Busch und seine elefantöse Haut legte sich in Falten.

»Yew«, sagte er freudig. »Yewy Shodkin! Sie sind unverheiratet. Warum tanzen Sie nicht?«

Ich zuckte zusammen. Meine Muskeln verhärteten sich. In meinem Magen spürte ich eine Enge, als ob alle Luft aus ihm herausgesaugt worden sei. Als wäre er nicht mehr als ein verschrumpelter Sack.

»Ist nicht wirklich mein Ding«, sagte ich.

Ich sah auf den Boden hinab, um Augenkontakt zu vermeiden.

»Seien Sie nicht blöd«, war Herr Morgans Antwort. »Kommen Sie! Kommen Sie! Betrachten Sie es als meine Belohnung. Sie verdienen es! Sie haben hervorragende Arbeit geleistet.«

Herr Morgan winkte eines der Mädchen zu uns herüber. Er steckte ihr eine Handvoll gefalteter Geldscheine zu. Und dann nickte er zu mir hinüber.

Das Mädchen nahm meine Hand und führte mich in ein Privatzimmer, wo sie mich auf eine harte, stoffbezogene Bank drückte.

Sie wiegte sich von Seite zu Seite. Sie massierte ihre Brüste. Sie leckte ihre Finger auf verführerische Weise ab.

Dieses ganze Erlebnis hinterließ einen tiefen Eindruck bei mir.

Lassen Sie mich das bitte erklären...

Sie erinnern sich vielleicht an das Gefühl, das ich, wie ich erzählt habe, hatte, als man von mir verlangte, dass ich an der religiösen Zeremonie teilnehmen solle. Blättern Sie ein paar Seiten zurück, dann werden Sie es in Kapitel Vierzehn sofort finden:

Ein kleiner Teil von mir war sich nicht sicher, schrieb ich. *Es war nicht, als wäre der Egot zurückgekommen. Ich wurde nicht gedrängt, mich zu weigern oder zu rebellieren. Aber ich fühlte etwas, das an mir nagte. Ein dunkles, sanftes Gefühl des Zweifels, das unter der Oberfläche meines Bewusstseins pulsierte und fragte mich: Möchte ich das wirklich tun?*

Nun, liebe Leserin und lieber Leser, ich fühlte das gleiche *Nagen*, während ich dort in dem Strip-Club saß. Ich hatte das gleiche *Gefühl des Zweifels*. Ich fragte mich: *Möchte ich das wirklich tun? Möchte ich diese arme junge Frau wirklich so herabwürdigen?*

Sie gab sich mit ihren Bewegungen wirklich alle Mühe; squattete auf und ab, rieb ihr Becken an meine Leisten. Aber alles, was ich sehen konnte, war ein ausgebeutetes kleines Mädchen. Die Tochter von jemandem! Die Liebhaberin von jemandem! Die Freundin von jemandem!

Ich fragte mich, was sie wohl für ein Leben führte.

Vielleicht war sie eine Studentin, dachte ich, die versuchte, sich ihr Universitätsstudium zu finanzieren. Vielleicht war sie eine alleinerziehende Mutter, die alles tat, um ihr Kind durchzubringen. Oder vielleicht war sie eine Sklavin, ein Opfer einer Menschenhandel-Mafia, die überhaupt kein Geld bekam.

Meine Fantasie ging mit mir durch.

Aber obwohl ich mich von einem Szenario zum anderen träumte, konnte ich mir keine einzige Situation vorstellen, bei der dieses Mädchen glücklich sein konnte. Sie ließ ihre Brüste in mein Gesicht baumeln, aber sie sah nicht so aus, als ob ihr das Spaß machen würde. Mit ausdruckslosem Gesicht starrte sie die Wand hinter mir an. Sie sah gelangweilt aus. Sie sah aus, als hätte sie die Schnauze richtig voll.

Ich fühlte mich schrecklich.

Ich fühlte mich wie ein räudiger Hund. Ein bösartiger, von Flöhen befallener Bastard. Ein verdammter Köter.

Dieses dumpfe Klopfen, das unter der Oberfläche meines Geistes pulsierte, begann zu vibrieren. Es erzeugte Übelkeit in meinem Magen.

Aber ich wollte nicht rebellieren. Ich wollte mich anpassen. Ich wollte dazugehören. Das war der Grund gewesen, warum ich mit diesen Managern ausgegangen war. Aus demselben Grund hatte ich der Stripperin erlaubt, mich in dieses Zimmer zu bringen. Meine Angepasstheit gab mir ein Gefühl der Sicherheit und des Wohlbefindens.

Aber meine Manager waren nicht hier bei mir in diesem Zimmer. Nichts, was ich dort tat, konnte sie erfreuen oder beleidigen. Nichts, was ich darin tat, würde mir helfen, mich anzupassen.

Ich wollte wirklich nicht, dass dieser Tanz

weiterging. Es kam mir vor, als würde ich das arme unschuldige Mädchen missbrauchen. Darum klopfte ich auf den Sitz neben mir.

»Setz dich«, forderte ich die Stripperin auf.

Und ich gab ihr meine Jacke, damit sie ihren nackten Busen bedecken konnte.

Wir saßen dort in Stille. Dann gingen wir in das Hauptzimmer zurück.

»Das ging ja schnell«, meinte Herr Morgan. »Alles ok, Yewy, lieber Junge?«

Ich zuckte mit den Achseln.

Ich wollte, dass Herr Morgan das Opfer, das ich für ihn gebracht hatte zu schätzen wusste. Ich wollte so gerne, dass er sich freut. Aber er schien überhaupt nicht dankbar zu sein. Er sah so aus, als wolle er, dass ich *ihm* dankbar sei!

Er sah mich drohend an. Er warf mir tatsächlich einen drohenden Blick zu! Seine buschigen Brauen waren stark zusammengezogen!

Mein Herz sank hinunter. Mein Magen drehte sich um. Und ich rannte zur Toilette, wo ich den ganzen Boden vollkotzte.

KAPITEL ACHTZEHN

Ich verlor meine Arbeit.

Meine Firma nahm einige Umstrukturierungen vor und während dieser Zeit gab es einfach nicht genügend Arbeit. Alle, die keine Erfahrung darin hatten für Charités im Sektor C zu arbeiten, mussten gehen.

»Zu dumm«, sagte Herr Collins zu mir. »Du bist hier einer unserer besten Spendensammler. Du solltest auf keinen Fall entlassen werden.«

Aber sie *entließen* mich tatsächlich. Soviel zur Bürokratie.

Ich ließ mich davon nicht deprimieren. Nein. Die Liste meiner Erfolge hatten meinem Ego einen Schub gegeben. Ich war überzeugt davon, dass ich in jedem Job, den ich bekam, erfolgreich sein würde. Und dieses Selbstvertrauen blitze bei Interviews durch. Es half mir innerhalb von einem Monat eine neue Arbeit als Junior Chef in der Küche einer Kneipenkette zu finden; Fertiggerichte in die Mikrowelle schieben und billige Porzellanteller abwaschen. Es war nicht viel; ich hatte einen Null-Stunden-

Vertrag für einen Mindestlohn. Aber es half mir, meine Rechnungen zu bezahlen.

Ich besorgte mir sogar eine neue Freundin, Lorraine; eine ältere Frau mit pausbäckigem Engelsgesicht und frechen Augen. Wir taten einander gut. Wir sahen die Welt beide auf ähnliche Weise. Beide hatten wir unsere Probleme.

Nachdem wir uns ein paar Monate lang regelmäßig trafen, zogen Lorraine und ich zusammen. Für mich war das ein großer Schritt. Ich fühlte mich dadurch wie ein Erwachsener. Normal. Verantwortlich.

Und wir kamen gut miteinander aus. Jede Nacht blieben wir lange auf; wir tranken Wein und diskutierten über alles und die Welt. Wir besuchten gegenseitig unsere Freunde und wir gingen zusammen ins Theater.

Ja, wenn ich mit Lorraine zusammen war, fühlte ich mich auf eine ruhige Weise zufrieden. Nicht, dass ich mich glücklich fühlte. Ich habe ja bereits erklärt, dass ich mich in einem Zustand totaler Apathie befand. Aber ich fühlte mich doch hoffnungsvoll. Ich glaubte, dass es aufwärtsging.

Um meinen Geisteszustand zu verstehen, muss man zuerst kapieren, was der Psychologe Tali Sharot den „Optimismus-Bias" nennt. Dabei handelt es sich um die Tendenz, die die meisten von uns haben, die Wahrscheinlichkeit, gute Erfahrungen zu machen, zu überschätzen, und die Wahrscheinlichkeit, schlechte Erfahrungen zu machen, zu unterschätzen.

In der westlichen Welt zum Beispiel, lassen sich etwa zwei von fünf verheirateten Paaren scheiden. Wenn dies jedoch Frischverheirateten erzählt wird und man sie dann fragt, wie hoch die Wahrscheinlichkeit ist, dass *sie* sich scheiden lassen werden, sagen sie nicht, dass die Wahrscheinlichkeit bei zwei von fünf liegt. Sie geben keine rationale Antwort. Sie sagen, die Wahrscheinlichkeit läge bei null Prozent. Null! Zilch! Nada! Diese Leute ignorieren die Fakten und sie lassen ihr Urteilsvermögen von Optimismus umnebeln.

Ebenso wurde bei einer von Neil Weinstein durchgeführten Studie herausgefunden, dass Studenten dachten, dass die Wahrscheinlichkeit eine Auszeichnung zu erhalten bei ihnen 13% höher ist, als bei ihren Studienkollegen, dass es 32% unwahrscheinlicher ist, an Lungenkrebs zu erkranken und 49% unwahrscheinlicher, geschieden zu werden. Realistisch gesehen wären ihre Durchschnittschancen natürlich genauso gewesen wie die Durchschnittschancen der Kollegen. Einige hätten eine höhere und andere eine niedrigere Wahrscheinlichkeit gehabt, aber alles in allem hätte es sich die Waage gehalten.

Verstehen Sie mich nicht falsch. Ich sage nicht, dass Optimismus immer schlecht ist. Er kann unser Selbstvertrauen steigern, wodurch wir uns zum Erfolg antreiben können. Währenddessen Pessimismus andererseits zu Depressionen führen kann.

Aber leider kann Optimismus uns auch ermutigen, irrational zu handeln; unrealistische Ziele zu verfolgen oder Jobs und Beziehungen weiterführen, die uns unglücklich machen. Wir machen uns selbst etwas vor, indem wir glauben, dass wir das Glück, gleich um die nächste Ecke finden.

Die Gesellschaft bestärkt uns darin. Uns wird erzählt: *Du kannst es bekommen, wenn du es wirklich willst. Du musst es einfach nur versuchen, versuchen, versuchen!* Und wir glauben es. Wir reißen uns den Arsch auf. Wir leiden in der wild-optimistischen Hoffnung, dass wir an irgendeinem mystischen Zeitpunkt in der Zukunft mit einem besseren Job, einer Gehaltserhöhung und einem besseren Leben belohnt werden.

In diesem Sinne kann Optimismus eine Krankheit sein. Und ich glaube, es ist eine Krankheit, unter der wir alle leiden. Diese Optimismus-Epidemie, diese Pandemie blinden Glaubens, umnebelt unsere rationalen Fähigkeiten und ermutigt uns, unsere unglücklichen Leben zu akzeptieren.

Das habe zumindest ich getan.

Obwohl ich es nicht tun wollte, ackerte ich mich bis zu meinem Universitätsabschluss durch, weil ich optimistisch war, dass ich dadurch eine gute Arbeitsstelle finden würde. Obwohl es selten einen Unterschied machte, gehorchte ich meinen Chefs, Lehrern und Eltern in dem optimistischen Glauben, dass ich sie damit glücklich machen würde. Obwohl meine vorherigen Beziehungen nie funktioniert hatten, war ich trotzdem optimistisch, dass mit Lorraine alles gut werden würde. Und obwohl ich nicht befördert wurde, als ich als Spendensammler arbeitete, war ich trotzdem optimistisch, dass ich befördert würde. Während ich als Junior Chef arbeitete, war ich optimistisch, dass ich zum Küchenchef mit einem langfristigen Vertrag und einem festen Gehalt aufsteigen würde.

Albert Einstein hat einmal gesagt, dass *Geisteskrankheit sei, wenn man die gleiche Sache wieder und wieder macht, jedoch erwartet, andere Ergebnisse zu erzielen.* Er war ein cleveres Kerlchen, dieser Einstein. Und, seiner Meinung nach, musste ich geisteskrank sein. Weil ich weiterhin hart arbeitete und weiterhin erwartete, belohnt zu werden, obwohl meine harte Arbeit nie zuvor belohnt worden war. Ich hatte keine Beweise, die meine Erwartung, belohnt zu werden, rechtfertigten. Es war kein rationaler Glaube. Es lief alles auf Optimismus hinaus. Blinder, schwächender Optimismus.

Ich kam früh und blieb lange. Ich half, neue Teammitglieder auszubilden. Wann immer Leerlauf war, fand ich etwas Produktives zu tun; putzen, Vorbereitungen oder Inventur. Ich arbeitete während meiner Pausen. Und ich befolgte alle Regeln.

Ich beschwerte mich nie.

Ich beschwerte mich nie, wenn ich Schichten teilen musste. Ich beschwerte mich nie, wenn ich bis zwei Uhr morgens arbeiten musste. Ich beschwerte mich nie, wenn ich am nächsten Morgen nach nur drei Stunden Schlaf um acht Uhr wieder anfangen musste.

Trotzdem war die einzige Gehaltserhöhung, die ich erhielt, minimal. Und das war nicht meiner harten Arbeit zu verdanken; es war eine Gehaltserhöhung, die jeder bekam, der sechs Monate dort beschäftigt war. Ich wurde nie befördert. Ich wurde nie ein Küchenchef.

Nachdem ein Jahr vergangen war, gab mir Lorraine den Laufpass. Sie sagte, dass sie mich *wirklich möge*. Aber, *um zusammen zu sein,* waren wir einfach *zu inkompatibel*.

Ich fühlte mich nicht mal so schlecht. Nicht

so, wie damals, als Georgie mich verließ. Meine Haut spannte sich nicht. Ich heulte nicht in mein Kissen. Ich akzeptierte es einfach. Ich fühlte mich einfach apathisch.

Und dann, als nochmals vier Monate vergangen waren, wurde ich aus dem Appartement, dass Lorraine und ich uns geteilt hatten, geschmissen. Mein Vermieter brauchte es für seinen Sohn. Ich musste also meine Koffer packen und in ein winziges Studio-Appartement ziehen.

Liebe Leserin und lieber Leser, während ich Sie mit dieser Serie von leidvollen Ereignissen erfreue, muss ich an Lao Tzu denken, der sagte: *Wenn du die Richtung nicht änderst, kann es sein, dass du genau in die Richtung gehst, die du ursprünglich eingeschlagen hast.*

Nun, mir gefiel die Richtung nicht, *die ich eingeschlagen hatte*; ein Leben voller langer Arbeitsstunden und eine miese Bezahlung, unangenehme Arbeitsbedingungen und wenig Freizeit. Mir wurde klar, dass *ich die Richtung ändern* musste. Dass ich einen neuen Job finden musste.

Ich war immer noch optimistisch. Ich hatte

immer noch Hoffnung, einen besseren Job mit besseren Arbeitsbedingungen zu finden. Ich hoffte immer noch, dass dieser Job mir erlauben würde, mehr zur Gesellschaft beizutragen und selbst mehr Geld zu verdienen. Ich hing immer noch meinen Tagträumen nach, ein Appartement kaufen zu können.

Darum bewarb ich mich um andere Stellen. Ich bewarb mich um solche Stellen, von denen ich glaubte, dass sie mit jemandem besetzt werden würden, der über meine Qualifikationen verfügte. Und ich war optimistisch, eine dieser Stellen zu bekommen, da ich sowohl über Arbeitserfahrungen als auch über Qualifikationen verfügte.

Ich bekam auch einen neuen Job, aber es war kaum die Stelle, die ich erhofft hatte.

Liebe Leserin und lieber Leser, ich wurde ein Energieversorgungsvertreter!

Ich stand in einem Einkaufszentrum neben einem Pop-up-Stand und versuchte, vorbeilaufende Leute dazu zu überreden, Ihren Energieversorger zu wechseln. Ich glaube nicht, dass ich je daran gedacht habe, diesen Job für längere Zeit auszuüben, aber ich bekam jedenfalls etwas mehr Lohn als bei meiner vorherigen Stelle. Deshalb betrachtete ich es doch als einen Schritt in die richtige Richtung.

Jeden Tag trottete ich über die Fliesen des Einkaufszentrums. Ich beriet tausende Passanten. Und ich drückte den hastig Vorbeieilenden Werbezettel in ihre beunruhigten Hände.

Das von jeder Oberfläche reflektierte allgegenwärtige weiße Licht erzeugte den Eindruck eines immerwährenden Mittags. Trotzdem lebte ich in einer permanenten Dunkelheit. Es war immer schon dunkel, wenn ich nach draußen ging. Die Sonne wurde mir fremd. Und es verging ein ganzes Jahr, ohne dass ich einen einzigen Regenbogen sah. Auch wenn ich einen Regenbogen gesehen hätte, hätte ich ihn wahrscheinlich nicht wahrgenommen.

Ich ackerte weiter.

Ich registrierte Leute für „Feststehende Pläne", „Indexierte Pläne" und „Prepaid Pläne". Ich richtete „Direktabbuchungen", „Daueraufträge" und „Kundenkonten" ein.

Ich erledigte den Papierkram, hielt meinen Stand in Ordnung und grinste wie ein Chesshire-Kater.

Das ging so weiter und weiter; Tag für Tag für Tag.

KAPITEL NEUNZEHN

Meine Arbeit war recht entnervend. Die Tage verliefen so gut wie alle gleich. Aber ab und zu passierte etwas, das mich aus meinem durch die Monotonie verursachten Trance aufrüttelte.

Eines Tages sah ich zum Beispiel eine junge Dame vorbeigehen. Sie hatte das Strahlen einer Schwangeren, das direkt durch ihren zweiteiligen Hosenanzug zu scheinen schien. Die feinen Diamanten an ihren Ohren funkelten. Und die rote Farbe auf ihren Lippen glänzte.

Ich fing ihren Blick auf.

Und dann stand mein Herz still. Mein Magen sackte hinunter. Mein Gesicht gefror.

Ich merkte, wer es war.

Es war Schlafmütze Sampson! Erinnern Sie sich an sie? Sie war das Mädchen, die während der Ruhezeit gesummt hatte. Die, die mich nach meinen drohenden Blicken auf den Boden geworfen und heruntergedrückt und gesagt hatte: *Du bist nicht der Junge, den wir alle geliebt haben. Du bist nicht der Junge, den ich geliebt habe*!

Nun, liebe Leserin und lieber Leser, dort

stand sie; mit ihren schlanken Linien und süßen Kurven. Von ihren Kirschblüten-Wangen strahlte zarte Wärme aus. Ein lebhaftes Kichern tanzte auf ihrer vorwitzigen Zunge.

»Hey«, rief ich

Schlafmütze Sampson ignorierte mich.

Das war normal; ignoriert zu werden gehörte zu meinem Job. Niemand wollte von dem aufdringlichen Vertreter belästigt werden. Die meisten Leute taten so, als würde ich nicht einmal existieren.

»Schlafmütze!« rief ich wieder. »Hey! Schlafmütze! Schlafmütze Sampson!«

Und dann zuckte sie zusammen. Sie bebte und zitterte beinahe so, als wäre ein Geist durch sie hindurchgeschwebt. Ohne ihren Kopf zu bewegen, sah sie mit einem Auge in meine Richtung.

Mein Gesicht spiegelte sich in ihrer Netzhaut.

Sie sah mich. Ihr Kopf schoss herum und dann drehte sie ihren Körper zu mir. Ihr Gesicht hellte sich auf; illuminiert durch die Erleuchtung der Erkenntnis und unschuldige Überraschung. Weißes Licht flackerte in ihren Augen und ein Hauch von Rosé lag auf ihrem Gesicht.

»Yew!« zwitscherte sie.

Ich errötete.

»Yew! Wie geht es dir?« fragte sie.

»Mir geht´s gut. Großartig, dich zu sehen. Es ist ja so lange her!«

»Sechzehn Jahre!«

»Sechzehn Jahre?«

»Sechzehn Jahre! Ich habe dich seit dem letzten Tag in der Grundschule nicht gesehen. Erinnerst du dich? Wir haben Fotos auf dem Rasen gemacht und uns geschworen, für immer Freunde zu bleiben.«

»Ja, daran erinnere ich mich! Wir bekamen alle Bibeln. Wir haben etwas auf die leeren Seiten geschrieben und dann haben wir uns gegenseitig die Uniformen signiert.«

»Wenn du mir damals gesagt hättest, dass wir uns sechzehn Jahre lang nicht mehr treffen würden, hätte ich dir nicht geglaubt.«

»Ich auch nicht. Wo ist die Zeit geblieben?«

»Die geht wie im Flug vorbei.«

»Das tut sie. Sie dich nur an, du bist nicht mehr so dünn!«

»Und sieh dich an! Du bist nicht mehr so verschlafen!«

»Ach du, du kleiner Bastard! Das hat seit Jahren keiner zu mir gesagt.«

»Ach, wie nennen dich die Leute denn jetzt?«

»Frau Schmitt.«

„Frau Schmitt" ließ ihr Handgelenk herab, um den Ring zu zeigen, der stolz an ihrem Finger steckte.

»Du bist verheiratet?«

»Natürlich bin ich das.«

»Wer ist der Glückliche?«

»Brian.«

»Brian? Brian Schmitt? Der fette Schmitt? Der Junge mit mehr Wabbelfett als ein Killerwal? Das Ungeheuer aus dem Feuer? Der Riesenmann, der alles kann?«

»Hey! Stopp du kleiner Strolch. Brian ist nicht mehr fett. Er ist ein erfolgreicher Banker.«

»Ein Banker? Gut für ihn! Und was tust du selbst?«

»Ach, weißt du, dies und das. Ich bin die

persönliche Assistentin des Geschäftsführers einer großen Firma. Aber die meiste Zeit habe ich damit verbracht, unser Ferienhaus zu renovieren. Das hat mich wirklich geschafft. Manchmal denke ich, Hauseigentümer zu sein ist mehr Stress, als es wert ist. Aber weißt du, man muss einfach weiterackern.«

Ich kicherte unbehaglich.

»Hör zu, ich muss gehen«, fuhr „Frau Schmitt" fort. »Mein Boss ist ein kleiner Sklaventreiber, wenn du weißt, was ich meine. Aber es wäre toll, über alles zu plaudern. Hättest du Lust mal einen Kaffee mit mir zusammen trinken zu gehen?«

Ich nickte.

»Cool! Ich melde mich.«

Schlafmütze Sampson warf beim Umdrehen ihr Haar zurück. Ihre Füße glitten davon und ihre Umrisse lösten sich auf.

Ich erstarrte.

Ich war wie vor den Kopf geschlagen. Ich konnte nicht verstehen, was gerade passiert war. *Wie um Himmels Willen konnte Schlafmütze Sampson so erfolgreich sein?* fragte ich mich.

Sie war das Mädchen, dass in einer Klasse nach der anderen gepennt hatte. Sie hatte so gut wie nie in der Schule aufgepasst. Ihre Zensuren waren schlimm.

Sie war das Mädchen, das nicht reagierte, wenn ich meine Nase an ihrem Ärmel abwischte. Es war ihr egal. Sie nahm von der Welt so gut wie keine Notiz.

Sie war das Mädchen, das während der Ruhezeit gesummt hatte. Sie befolgte keine Regeln. Sie versuchte nicht, ihren Vorgesetzten zu gefallen. Sie versuchte nicht überhaupt jemandem zu gefallen. Sie war nicht selbstlos wie ich. Sie war bis in ihr Innerstes egoistisch.

Trotzdem - sie war schön. Sie war glücklich verheiratet, hatte einen guten Job und ein Ferienhaus. Ein Ferienhaus! Ich konnte mir noch nicht einmal den Kauf einer Einzimmerwohnung leisten und sie besaß ein Ferienhaus!

Es schien mir nicht fair, es schien nicht richtig zu sein.

Zum ersten Mal seit Jahren war meine Apathie wie weggeblasen.

Ich kochte. Mein Gesicht war feuerrot!

Wie bei einem feuerspeienden Drachen kam dampfende Luft aus meinen geblähten Nüstern. Meine Haut wurde schuppig, wie bei einem Reptil. Meine Augen traten hervor.

Die Leute glotzten mich an.

Ich rührte in dem matschigen Gulasch meiner Wut. Große Stücke meiner Entrüstung und Stückchen meiner Gereiztheit in einer Suppe meiner Verzweiflung.

Wie konnte sie sich so wenig anstrengen und so viel bekommen, während ich mich so bemüht und so wenig bekommen hatte? fragte ich mich. *Warum sollte ich mich den Anforderungen der Gesellschaft unterwerfen, wenn jemand wie Schlafmütze Sampson durchs Leben gleiten und sich dabei selbst treu bleiben konnte? Warum sich Mühe geben? Warum?*

Der gleiche dumpfe, sanfte Zweifel, der unter der Oberfläche meines Bewusstseins pulsierte, als von mir verlangt wurde an der religiösen Zeremonie teilzunehmen und als man mich in den Strip-Club mitgenommen hatte, begann wieder zu pochen. Und es war nicht einfach nur ein dumpfes Pochen, es war eine regelrechte trommelschlagende, herzdurchpumpende Art von Pochen. Es war, als würde eine neue Realität geboren; die Fruchtwasserblase meines Geistes platzte, zerschlug die Fesseln, die ich meinen Gedanken angelegt hatte und entließ mein inneres Kind zurück in die Welt.

Ich musste mich an meinem Stand festhalten, um aufrecht stehenzubleiben. Meine Beine fühlten sich an wie Wackelpudding. Mein Kopf wurde leicht und in meinem Magen breitete sich Übelkeit aus.

An dem Abend räumte ich meinen Stand nicht auf. Ich füllte auch den täglichen Verkaufsbericht nicht aus. Ich stolperte einfach hinaus in die Abendröte und verschmolz mit dem unbestimmten Schleier meiner verdrehten Realität. Die Luft schmeckte nach Schwefel.

KAPITEL ZWANZIG

Lao Tzu hat einmal gesagt: *Ein Führer ist am besten, wenn die Leute seine Existenz kaum wahrnehmen. Wenn seine Arbeit getan ist und seine Ziele erreicht wurden, werden sie sagen: Das haben wir alleine geschafft.*

Mein Boss Dave war überhaupt nicht so. Ich wusste definitiv, dass er *existierte*. Er ließ mich nie „Das habe allein geschafft" sagen.

Statt ein Ziel vorzugeben, das zu erreichen er mir überließ, verlangte er, dass ich die Dinge so erledigte, wie er das wollte. Dieser knochige schlaksige Mann türmte über mir, ohne mich im Zweifel darüber zu lassen, dass er erwartete, dass ich tat, was er sagte.

Statt die wichtigsten Dinge, die ich erreicht hatte, zu loben, maßregelte er mich für die kleinsten Fehler. Er sprach wie ein Löwe. Manchmal brüllte er.
Aber noch öfters schnurrte er vor Selbstbestätigung.

Und statt „Wie sollten wir das Ihrer Meinung nach machen?" zu fragen, befahl er: „*Machen Sie es so!*"

Psychologen wie John Sensenig und Jack

Brehm würden Ihnen sagen, dass ein solches Benehmen das Rezept für ein Unheil ist.

Diese Männer führten ein Experiment durch, bei den Volontären auf eine Liste von Aussagen reagieren mussten, indem sie eine Punkte Skala benutzten, mit einem *vollkommen einverstanden* an einem Ende und *überhaupt nicht einverstanden* am anderen Ende und neunundzwanzig Punkten, die dazwischenlagen.

Den Volontären wurde dann gesagt, dass sie Aufsätze schreiben sollten, in denen sie fünf dieser Aussagen entweder befürworteten oder ablehnten. Die erste *„Bundeshilfe für von der Kirche geführte Schulen sollte eingestellt werden"*, hatte keine passionierten Reaktionen hervorgerufen. Die anderen vier Aussagen allerdings schon.

Die Volontäre wurden in Paare aufgeteilt.

Volontären der Gruppe „Niedrige Bedrohung" wurde gesagt, dass ein Mitglied ihres Paares wählen würde, ob sie für oder gegen die erste Aussage wären und dass beide Mitglieder dann diese Einstellung vertreten müssten. Der Person, welche die

Entscheidung traf, war gestattet ihren Partner um seine Meinung zu fragen. Aber als es um die vier anderen Aussagen ging, wurde beiden Personen gesagt, dass sie sich jeweils für die eine oder die andere Seite entscheiden könnten.

Volontären der Gruppe „Hohe Bedrohung" wurde jedenfalls gesagt, dass ein Mitglied ihres Paares sich bei allen fünf Aussagen für die eine oder andere Seite entscheiden könne.

Das Experiment war getürkt. Keiner der Volontäre durfte sich für eine Seite entscheiden. Sie wurden alle in isolierte Räume gebracht. Dann wurde ihnen ein Zettel gegeben, auf dem ihnen mitgeteilt wurde, dass er von ihrem Partner sei, obwohl er in Wirklichkeit von einem der Forscher geschrieben worden war. Auf diesem Zettel stand immer, dass sich der Volontär für die Seite entscheiden solle, die er ursprünglich in der Befragung vertreten hatte. So wurden Konflikt vermieden.

Eine „Kontrollgruppe" innerhalb der Gruppe „Niedrige Bedrohung" erhielt Zettel auf denen stand: *Ich habe mich entschieden, dass wir beide in dieser Sache zustimmen/nicht zustimmen, wenn das für dich ok ist.*

Dann, während sie ihre Aufsätze schrieben, wurden die Volontäre gebeten, sich unter Verwendung der Original-Einunddreißig-Punkte-Skala zu der Aussage erneut zu äußern.

Folgendes passierte:

Volontäre aus der Kontrollgruppe drückten eine stärkere Überzeugung für oder gegen die Aussage aus als sie es in der Original-Umfrage getan hatten. Sie reagierten positiv, weil sie in den Prozess mit einbezogen worden waren.

Aber der Rest der Gruppe „Niedrige Bedrohung" hatte eine schwächere Überzeugung. Sie fühlten sich bedroht. Es gefiel ihnen nicht, gesagt zu bekommen, was sie schreiben sollten, auch wenn sie eigentlich der ihnen aufgezwungenen Meinung zustimmten.

Und die Leute aus der Gruppe „Hohe Bedrohung" drückten eine noch niedrigere Überzeugung aus. Im Durchschnitt verlagerten sie ihre Antworten auf der Skala um 4,17 Stellen, wobei ihnen keine Meinung aufgezwungen wurde, auch wenn sie diesem Standpunkt eigentlich zustimmten. Sie fühlten sich von der Tatsache, dass ihnen gesagt wurde, was sie zu anderen vier (viel emotionaleren) Problemen schreiben sollten, drangsaliert.

Das zeigt, dass jemand, dessen Freiheit bedroht wird, Schritte zur Wiederherstellung dieser bedrohten Freiheiten unternehmen wird. Eine solche Person wird ihre eigenen Meinungen zu einem Problem auch dann von aufgezwungenen Meinungen distanzieren, wenn sie ursprünglich diese Meinungen ebenfalls vertreten hat.

Nun, liebe Leserin und lieber Leser, genau das ist mir passiert!

Sehen Sie, meine Unterhaltung mit Schlafmütze Sampson hatte mich dazu ermutigt, meine Situation zu bewerten. Sie hatte mich ermutigt, die Art und Weise zu bewerten, wie mein Chef mich behandelte.

Mein Chef sagte mir, welche Körperhaltung ich einnehmen sollte, wie ich zu lächeln hatte und wie ich mich anderen

Menschen nähern sollte. Er schrieb meine Werbesprüche und er bestand darauf, dass ich bei Beanstandungen vorgeschriebene Antworten zur Bearbeitung verwendete.

Meistens stimmte ich mit den Meinungen meines Chefs, diesem besserwisserischen jungen Mann, überein. Aber Tatsache war, dass er mir sagte, was ich tun sollte, was mir wirklich gegen den Strich ging. Ich fühlte mich von ihm in meiner Freiheit bedroht.

Und so begann ich, als Reaktion auf diese Bedrohung, meine eigenen Überzeugungen weg von den mir aufgezwängten Überzeugungen zu verlagern.

Es ist, wie Lao Tzu sagte: *Je mehr Gesetze und Bestimmungen es gibt, desto mehr Diebe und Kriminelle wird es geben.*

Nun, mein Boss war groß im *Bestimmen.* Das machte mich weder zum *Dieb* noch zum *Kriminellen* aber es erweckte in mir den Wunsch, zu rebellieren.

Zum ersten Mal seit der Egot gestorben war, begann ich tatsächlich Autorität in Frage zu stellen! Ich stellte alles in Frage, was mir Dave auftrug zu tun:

Warum sollte ich stehen, wie er mir sagte,

dass ich stehen solle?

Warum sollte ich lächeln, wenn er mir sagte, dass ich lächeln solle?

Warum sollte ich sein Skript verwenden?

Dieses subtile Element des Zweifels, dieses düstere Klopfen, das an die Oberfläche kam, als ich mit Schlafmütze Sampson sprach, verwandelte sich in ein neues Bewusstsein. Es dominierte meine Gedanken. Es ließ mich alles hinterfragen:

Warum sollte ich meinen Lehrern, Eltern, Chefs gehorchen?

Warum sollte ich mich den Gesellschaftsnormen anpassen?

Warum sollte ich mich dem Druck der Arbeitskollegen beugen?

Warum sollte ich mich an das Gesetz halten?

Warum sollte ich mein wahres Selbst verleugnen?

Mein Geist war ein Gewirr verschiedener aber miteinander verbundener Ärgernisse. Ein richtiger Feuerball aus Ärger. Eine richtigere Box-Sack aus Angst.

Ich hatte alles getan, was jeder je von mir verlangt hatte. Ich hatte alle ihre Regeln befolgt. Ich hatte Autorität respektiert. Ich war zur Uni gegangen. Ich hatte hart gearbeitet, gut gearbeitet, Überstunden gemacht. Trotzdem war ich nicht belohnt worden. Ich war nicht befördert worden. Ich bekam keinen anständigen Lohn. Und ich konnte mir den Kauf eines Appartements nicht leisten.

Es musste noch etwas geben. Ich meine, andere Leute verdienten gute Löhne. Andere Leute konnten es sich leisten, sich Wohnungen zu kaufen. Selbst Schlafmütze Sampson hatte es in ihrem Leben zu etwas gebracht. Ihr gehörten zwei Häuser! Und sie hatte niemals so hart gearbeitet wie ich. Das Einzige, was sie gut konnte, war schlafen!

Mein Geist war voll von solchen Gedanken.

Als hätte man einen Korken aus meinem Unterbewusstsein gezogen, spritzten zwanzig Jahre abgefüllter Frustrationen heraus und ergossen sich in mein Bewusstsein.

Ich nehme an, man hätte meinen Geisteszustand mit einem Gummiband vergleichen können.

Ein Gummiband kann man auf ein Vielfaches seiner natürlichen Länge dehnen. Man kann es bis zur Unkenntlichkeit drehen. Aber man kann es nur bis zu einem bestimmten Punkt dehnen, bevor es zurück in die Ausgangsform schnappt.

Nun, liebe Leserin und lieber Leser. Ich erreichte diesen Punkt. Den Schnapp-Punkt! Ich schnappte zurück in meine Ausgangsform.

Der Egot war tot. Aber ich brauchte ihn nicht. Ich konnte für mich selbst denken, ohne seine Hilfe. Seine kleine Stimme war zu einem donnernden Kampfschrei geworden. Und es war *mein* Kampfschrei. Es war meine kleine Stimme. Es war meine, meine ganz allein!

Alles war klar. Es war klar, dass ich in einem Käfig gelebt hatte. Es war klar, dass ich mir meine Freiheit nehmen konnte. Es war klar, was ich tun musste. Ich war meine eigene Klarheit. Alles war klar.

Dave schlurfte auf mich zu. Er türmte sich vor mir auf. Seine Schnurrbarthaare bebten und seine Mähne flog zurück.

Ohne sich aufzuhalten und *Hallo* zu sagen,

begann er sofort Regeln zu diktieren:

»Sie müssen aufhören, das Wort wir zu benutzen«, sagte er. »Sie müssen stattdessen die Wörter *uns* und *unsere verwenden.*«

Aber ich ignorierte den Mann. Ich ignorierte die ganze Welt.

Ich erinnere mich an ein Gefühl der Spiritualität, als hätte ich die physische Daseinsebene verlassen. Meine Beine hoben meinen Körper, ich stand hoch aufgerichtet, mein Geist stand still. Mein Körper entzog sich meiner Kontrolle.

Ich sah zu, wie sich mein Körper befreite. Wie er hochschnellte. Wie er sich wie ein frecher Affe auf die Brust trommelte. Und wie er seine Brust aufblähte wie ein prahlerischer Superheld.

Der schwache Klang von Beethovens Neunter begann meine Ohren zu füllen. Süße Violinentöne bildeten einen melodiösen Hintergrund für das Ballett, das auf der Bühne tanzte.

Meinem Chef klappte der Kiefer runter, als wolle er brüllen.

Mein Körper führte eine Pirouette aus.

Werbezettel wurden von meinen Füssen aufgewirbelt und fluteten um meine Schienbeine, wie die Gischt eines aufgebrachten Ozeans.

Eine allesumfassende Welle des Glücks erfasste mich.

Ein Bein erhob sich vor meinem Körper und formte einen scharfen Pfeil, der auf die seelenlose Ausdehnung der Halle zeigte. Ich verharrte in dieser Position in perfekter Bewegungslosigkeit, während ich mein Kinn mit pompös anmutenden Grazie emporreckte. Dann sprang ich wie ein Springbock in Zeitlupe mit einem vorwärts und einem rückwärts gestreckten Bein.

Beethovens Neunte ergoss sich glorreich in meine Gehörgänge. Bratschen vereinten sich mit Violinen und Cellos gesellten sich zu den Bratschen. Kontrabässe begannen zu summen und Flöten ließen ihr Pfeifen ertönen.

Ich landete auf beiden Beinen; ein Engel der Lüfte, ein Dämon der See.

Mein Geist schwebte auf einem unendlichen Ozean. Meine Arme wirbelten durch die unendliche Luft. Sie hauten die

Tafel hinter mir herunter. Sie schmissen meinen Tisch um. Sie fegten den Papierkram hoch in das grelle weiße Licht.

Ich konnte meine Affenseele sehen. Ich konnte die Affenschreie hören, die aus meinem offenen Mund drangen. Ich konnte hören, wie Beethovens Neunte ihr erstes Crescendo erreichte, während die Bratschen ihr Kampfgeschrei begannen. Flöten wurden eins mit den Klarinetten. Fagotte ertönten. Trompeten und Hörner schrien mit ungezügeltem Entzücken.

Ich jaulte wie ein Esel beim sexuellen Höhepunkt.

Meine Lungen füllten sich mit purem Geist.

Ich riss mein Hemd auf und sah meinen Chef an. Meine haarige Brust wölbte sich vor, wie die Brustplatte eines Gorillas. Meine Schultern standen aus dem oberen Teil meines Rückens hervor. Und meine Schulterblätter waren so aufgerichtet wie Hörner.

Ich umkreiste diesen Mann, spielte mit ihm wie die Katze mit einer Maus. Und ich stampfte um ihn herum wie eine Herde wildgewordener Büffel; zurück blieben die Trümmer meines Stands, ein paar verblüffte Kunden und ein paar verschiedene Trümmerteile in meinem Kielwasser.

Beethovens Neunte schrie nach Erlösung, Ruhm und Befreiung. Es war ein leidenschaftlicher wuterfüllter Schrei.

»Yew! Yew! Yew!« schrie mein Chef.

Aber das war mir egal.

»Fick dich!« frohlockte ich. »Fick dich Dave!«

»Fick dich! Fick dich! Und fick deinen verfickten Job!«

Ich schwebte auf dem Wind der Zeit. Ich tanzte über dem Sternenhimmel der Erde. Und ich flog durch die Ewigkeiten des Himmels.

Mein Körper ließ das Einkaufszentrum hinter sich.

Meine Seele sagte *„Mach´s gut, du Scheiß-Job."*

KAPITEL EINUNDZWANZIG

Ich war arbeitslos und nur wenige Monate davon entfernt, völlig pleite zu sein. Aber das kümmerte mich nicht. Ich hatte mich selbst gefunden. Ich hatte mich selbst befreit. Ich hatte die euphorische Glückseligkeit der Rebellion erlebt. Und ich hatte in mir einen brennenden Hunger entzündet.

Ich wollte mehr!

Ich wollte mehr körperlose Erfahrungen. Mehr Transzendenz. Mehr Überschwänglichkeit.

Ich wollte, dass Beethovens Neunte mir süße Nichtigkeiten in mein Ohr flüsterte.

Ich wollte meine tierischen Bedürfnisse befriedigen.

Und darum rebellierte ich nicht einfach nur reaktionär. Nein.

Liebe Leserin, lieber Leser, zum ersten Mal in meinem Leben suchte ich proaktiv nach Gelegenheiten zu rebellieren. Um dem System einen Tritt zu verpassen. Um mich selbst zu bestätigen.

Ich nahm an einer antikapitalistischen Versammlung teil.

Es war wie beim Karneval, voll von

verschiedenen Individualisten und Einzelgängern, die man in einer Hippy-Kommune aus den sechziger Jahren vermutet hätte. Männer mit freien Oberkörpern trugen eigentümliche Westen. Frauen mit Dreadlocks trugen indische Röcke. Grauhaarige Weise vermischten sich mit schönen Mädchen. Und Exzentriker mittleren Alters vermischten sich mit alterslosen Revolutionären.

Diese Aktivisten pflanzten Marihuana auf dem Platz des Parlaments an. Es war genial! Sie stellten einen Marihuana-Mohikaner oben auf die Statue eines alten Diktators. Und sie bemalten ein den Krieg verherrlichendes Denkmal mit Graffiti.

Mein Herz hämmerte, meine Venen pulsierten.

Das waren meine Leute! Gleichdenkende Gemüter! Seelenverwandte!

Ich fühlte mich endlich zuhause.

Eine von diesen Leuten ausgehende Welle der Energie hob mich empor, trug mich die Straße hinunter mitten in eine Menge, die sich um ein multinationales Junk-Food-Restaurant versammelt hatte.

Demonstranten waren dabei, den Platz in alle Einzelteile zu zerlegen. Fenster gingen zu Bruch, Tische wurden umgestoßen. Küchengeräte lagen weinend auf der Seite. Die zerschlagenen Reste des Kapitalistenvorpostens lagen blutend am Boden.

Meine kleine Stimme, diese kleine Stimme in meinem Kopf, die seit Jahren verstummt war, die bei meiner Rebellion gegen meinen Chef wiederaufgetaucht war und die seitdem wieder mit mir sprach, sagte mir, mitzumachen. Es war eine ruhige Stimme, die der leisen Stimme des Egots sehr ähnlich war. Sie war ruhig. Subtil. Launisch. Und sie sagte mir, dass ich mitmachen solle. Sie sagte mir, ich solle meinen Beitrag leisten. Sie sagte mir, ich solle dieser Rebellenarmee helfen, eine bessere Welt zu schaffen.

Und ich hörte zu. Liebe Leserin und lieber Leser, ich hörte meiner kleinen Stimme zu! Nicht dem Egot. Nicht dem Ruf anderer. Sondern meiner kleinen Stimme. Der Manifestation meines wahren Ichs.

Ich schob mich durch die Menge. Ich

quetschte mich durch Aktivistenveteranen mit farbenfroh gefärbten Haaren. Ich schlängelte mich durch verwirrte Touristen, die versehentlich in das Gemenge geraten waren. Hin und her. Hin und her. Bis ich irgendwann die Front erreichte.

Bis ich dort ankam, waren die Aktivisten zur Börse nebenan weitergezogen. Deren Tür war entfernt worden. Demonstranten nahmen das Gebäude auseinander.

Ich hob einen Stuhl hoch über meinen Kopf und schmetterte ihn in ein Fenster. Es tat weh. Die Vibrationen von dem Sicherheitsglas durchliefen meinen Arm. Meine Schulter wurde zurückgeschleudert.

Das zerschmetterte Glas wabbelte und zog sich dann in seine Originalform zurück. Tausende von Sprüngen wurden von einer Art synthetischem Gewebe zusammengehalten. Mein halbherziger Schwung hatte nichts bewirkt.

Aber ich fühlte mich großartig. Nicht euphorisch. Aber großartig, richtig gut.

Ich merkte, dass ich dieses Gefühl auf die Männer übertrug. Ich fühlte, dass ich es auf alle Männer übertrug. Ich fühlte, dass ich mich nicht nur für mich selbst einsetzte, sondern für jeden anderen Arbeitnehmer, der in einem Call-Center feststeckte, während er monotone Anrufe erledigen musste, um irgend so einem Reichen zu helfen, noch reicher zu werden. Für jeden anderen Arbeitnehmer, der nie wusste, wann seine nächste Schicht beginnen oder wann der nächste Gehaltsscheck wohl ankommen würde oder wann er es sich leisten könnte, etwas zu essen. Und für jeden anderen Arbeiter, der alle Hoffnung verloren hatte. Der sich hilflos und allein fühlte.

Dieser selbstlose Drang durchströmte mich.

Ich holte tief Luft und sah hoch zur Börse. In diesem Moment repräsentierte sie für mich alles, was auf der Welt falsch lief. Jeden Job, der in einer Sackgasse endete, jeden schwierigen Verkauf und jeden gehässigen Boss. Ich hatte das Gefühl, etwas unternehmen zu müssen.

Deshalb hob ich den Stuhl noch einmal hoch, schwang ihn noch einmal und knallte ihn noch einmal in das Schaufenster. Es änderte sich nichts. Das Glas blieb intakt. Meine Schulter bekam die volle Wucht des Schlages ab.

Ich wiederholte das Ganze ein drittes und ein letztes Mal. Aber es machte keinen Unterschied. Und es kam mir so vor, dass es auch keinen Unterschied machen würde, wenn ich weitermachte.

Leute starrten. Durch sie fühlte ich mich selbstbewusst, paranoid und unsicher. Ein eisiger Schauer durchfuhr mich. Mein Herz schien auszusetzen.

Meine kleine Stimme sagte mir, dass ich genug getan hatte.

Und so verschwand ich wieder in der Menge.

Wenn ich heute auf diesen Tag zurückblicke, kann ich nicht anders, als ihn als eine positive Erfahrung zu sehen. Ich hatte mich das erste Mal in meinem Leben mit tausenden gleichgesinnten Seelen verbunden gefühlt. Ich war Teil eines größeren Ganzen geworden. Und ich hatte versucht, etwas beizutragen - meinen Teil zu tun. Damals fühlte ich mich dadurch großartig. Dadurch fühlte ich mich *echt*.

Aber es hatte keine Euphorie in mir ausgelöst. Ich verließ die materielle Ebene nicht. Beethovens Neunte tönte nicht in meinen Ohren.

Und deswegen, fühlte sich ein Teil von mir immer noch unerfüllt...

KAPITEL ZWEIUNDZWANZIG

In der darauffolgenden Woche, ging ich noch zu ein paar Demonstrationen. Ich demonstrierte für den Frieden, die Umwelt und soziale Gerechtigkeit. Ich protestierte gegen Nuklearwaffen, Studiengebühren und Waffenhandel. Und mir gefielen diese Proteste. Das taten sie wirklich. Aber sie machten mich niemals high. Ich fühlte mich niemals wie damals, als ich durch Frau Brauns Klassenzimmer tobte.

Ich nahm immer noch an diesen Demos teil, weil ich das Gefühl hatte, etwas verändern zu können. Ich hatte das Gefühl, einen Beitrag zur Gesellschaft zu leisten. Nun, es kam mir vor, als ob ich mehr zur Gesellschaft beitrug, als ich es je durch Arbeiten getan hatte.

Und ich ging immer noch zu diesen Demonstrationen, weil ich mich dort mit einer Gruppe von Aktivisten angefreundet hatte. Es gefiel mir, Zeit mit ihnen zu verbringen. Und ich brauchte sie. Meine alten Freunde hatten alle ihre Karrieren und langjährige Partner. Einige von ihnen hatten Kinder. Aber ich hatte mich selbst von der

Welt, in der sie lebten, ausgeschlossen. Ich war anders. Ein Ausgestoßener. Ungeeignet. Und das hatte unsere Beziehungen belastet. Ich schaffte es jedoch mit Gavin Gillis und ein paar Studenten von der Uni befreundet zu bleiben, aber das war's. Von meinen Arbeitskollegen sah ich keinen je wieder.

Die Beziehung zu meiner Familie wurde gespannt. Sie verstanden einfach nicht, was ich mit meinem Leben tat. Sie konnten mich nicht akzeptieren.

Aber trotzdem brauchte ich Kameradschaft. Ich brauchte Freundschaft. Und ich glaube, aus diesem Grund schloss ich mich meinen neuen Aktivistenfreunden enger an.

Da war Swampy, der, wie Sie vielleicht wegen seines Namens geraten haben, ein stereotyper Hippie war; immer Batik-T-Shirts, verfilzte Haare und gammelige Sandalen. Dann gab es Brian, der überhaupt nicht die Art von Person war, die man mit Aktivismus in Zusammenhang bringen würde; er besaß ein Chip-Geschäft und hatte in einem seltsamen historischen Dorf eine junge Familie. Und dann gab es noch Becky.

Die starke feurige Becky. Sie war eine Feministin und zwar nicht der feengleiche Typ.

Ich liebte Becky. Ich meine, ich liebte sie wirklich.

Lao Tzu hat gesagt: *Liebe ist die stärkste aller Leidenschaften, weil sie simultan den Kopf, das Herz und die Sinne in Mitleidenschaft zieht.*

Nun, genauso fühlte ich mich, wenn ich mit Becky zusammen war. Ich fühlte mich, als würde ich von Liebe *angegriffen*. Von ihr zusammengeschlagen. Als hätte sie mich in die Eier getreten.

Bei Becky fühlte ich mich großartig. Wirklich großartig.

Meine Apathie war wie weggeblasen.

Meinen Job zu verlassen hatte mich dazu befähigt, mich wieder auf das volle emotionale Spektrum einzulassen. Ich war wieder in der Lage mich toll zu fühlen. Und ich konnte auch wieder böse werden.

Darum konnte ich mich auch verlieben. Ich konnte mich ganz dieser schönen jungen Frau hingeben. Wie bei Georgie, fühlte ich, immer dann, wenn ich Becky sah,

Schmetterlinge im Bauch. Manchmal sagte sie Dinge, die mich wirklich berührten. Dinge, von denen ich Gänsehaut bekam. Sie sorgte in meinem Inneren für ein Gefühl der Zärtlichkeit. Meine inneren Organe fühlten sich an wie geschmolzene Marshmellows.

Oh ja, ich mochte Becky wirklich. Auch diese Aktivisten mochte ich wirklich. Sie alle hatten Herzen aus Gold. Darum ging ich weiterhin zu den Demonstrationen, um Zeit mit diesen großartigen Menschen zu verbringen.

Die Demos besuchte ich bis zu einem kühlen Herbsttag, als das Laub an den Bäumen rostbraun verfärbt war und ein dunstiger Regenbogen den Himmel füllte. Unheilvolle Blau-, Indigo- und Violett-Töne bildeten einen makabren Hintergrund für unsere angsterfüllten Gesänge. Orangefarbene, gelbe und grüne Lichtstreifen brachten kleine Hoffnungsschimmer zum Vorschein; Hoffnung, dass wir in der Lage sein würden, etwas zu verändern und unsere kaputte Gesellschaft verbessern könnten.

Ich ignorierte diesen Regenbogen. Er war

mir egal. Für mich war er nur ein prosaischer Teil des Hintergrunds.

Ich war völlig auf unseren Protest konzentriert.

Unsere Aktivistengruppe ging die Hauptstraße hinunter und versuchte dann, in ein Job-Center einzudringen und dort ein Sit-in zu veranstalten. Aber eine Reihe von bulligen Polizisten mit ausgeprägten Kiefern und breiten Brustkörben versperrte die Eingangstür. Sie hielten uns von unserem Recht ab, friedvoll zu protestieren.

Politischer Rap tönte aus einem Ghetto-Blaster:

Vergesst, was sie euch in der Schule erzählt haben. Bildet euch!

»Das ist Akala«, sagte mir Swampy. »Ist gut, ne?«

»Ja«, antwortete ich. »Aussagekräftige Lyrik, Mann!«

Swampys sandalen-bekleideter Fuß klopfte im Rhythmus der Musik:

»Der Kerl ist ein Rattenfänger für revolutionäre Ratten«.

Ich lächelte.

»Seine Songs sind Rebellen-Hymnen für

um ihre Zivilrechte gebrachten Jugendliche.«

Ich zwinkerte.

Perplexe Anwohner taten so, als würden sie nicht starren.

Und ein Demonstrant schmiss eine Handvoll Konfetti über die Polizisten. Es war urkomisch. Der Demonstrant degradierte diese gigantischen Hulks zu Weichlingen, indem er zarte Papierteilchen auf sie herabregnen ließ, als wären sie errötende Bräute bei einer Hochzeit auf dem Lande.

Die Polizisten standen dort mit versteinerten Gesichtern. Es war ihnen offensichtlich peinlich. Ihre Scham schien in Ablehnung umzuschlagen.

Aber sie bewegten sich keinen Zentimeter.

Also kamen ein paar Aktivisten dazu und ließen alle zusammen Konfetti auf die Polizisten regnen.

Ich machte auch mit. Ich warf eine Handvoll Konfetti hoch in die Luft, dann warf ich noch eine. Die Frustration der Polizisten wuchs. Man konnte es in ihre blutunterlaufenen Augen voller Wut sehen. Und man konnte es an ihren Auren sehen, die giftrot waren. Der Schein des

Regenbogens umgab sie wie ein blutiger Dunst. Zwischen ihren glänzenden Stiefeln tanzten rote Blätter.

Aber sie bewegten sich keinen Zentimeter.

Also schmiss ich eine dritte Hand voll Konfetti und dann eine vierte.

Ein Polizist schlug zu. Einfach so! Es passierte in einem Augenblick.

Der Polizist konnte sich nicht mehr beherrschen. Sein tierischer Instinkt brach durch seine Selbstbeherrschung. Sein Körper schoss auf mich zu.

Ich raste zurück durch die Menge der Demonstranten, die einen schützenden Wall zwischen dem Polizisten und mir bildeten. Ich verschnaufte. Ich war bereit, meinen Mann zu stehen und meine Unschuld zu verteidigen.

»Renn!!!« schrie Swampy.

»Renn!!!« flüsterte meine kleine Stimme.

»Renn! Renn! Renn!«

Ich rannte.

Ich rannte die Hauptstraße hinunter. Ich sprang über das ausgestreckte Bein eines älteren Möchtegern-Helden und ich drehte direkt in ein seelenloses Einkaufszentrum ab.

Grelles Licht brannte sich in meine Netzhäute und ein stechender Schmerz durchfuhr meine Rippen.

Aber ich rannte weiter.

Ich rannte trotz der Seitenstiche weiter. Ich rannte trotz der Sinnlosigkeit von all dem weiter. Ich rannte weiter, bis ein Mann vom Sicherheitsdienst aus einem Privatgeschäft trat. Er verstellte mir den Weg. Er türmte sich wie eine Giraffe vor einer Ameise vor mir auf. Und er knirschte mit den Zähnen, wie ein wütender Bulle.

Es gab keine Möglichkeit, ihn zu umgehen.

Darum stützte ich meine Hände auf meinen Knien ab und atmete ein. Die Luft schmeckte salzig.

Der Polizist holte mich ein, legte mir Handschellen an und führte mich ab. Wie bei einer Parade ging es vorbei, an neugierigen Kunden und sich in den Vordergrund drängenden Jugendlichen. Sie alle schienen sich über mich lustig zu machen. Alle schienen mich anzustarren.

Mir wurde schlecht. Ich fühlte mich körperlich unwohl! Mein Magen füllte sich, wie ein Gefäß voll bitterer Säure, mit Adrenalin. Ein Ballon voll widerlicher Kotze. Ein Becher voller Dreck.

Ich wurde zu einer Polizeiwache gebracht und in einer Zelle eingeschlossen.

Dann, nachdem zehn Stunden vergangen waren, ließ man mich frei. Der wachhabende Beamte, sagte mir, dass ich mich vor Gericht zu verantworten hätte wegen meines *Angriffs auf den Polizisten*. Und das war das!

Fünfzehn Aktivisten holten mich mit einem gemieteten Minibus ab. Sie waren wie weise alte Könige, die mir Bier, das eiskalt war, etwas Weihrauch und etwas Schnaps darbrachten. Sie sagten mir, ich solle mir keine Sorgen machen. Dass alles ok sein würde. Und sie machten gegenüber den Polizisten, die mich verhaftet hatten, beleidigende Gesten.

Das heiterte mich unendlich auf. Das Gefühl, zu wissen, dass ich nicht alleine war, fühlte sich großartig an. Und auch das Wissen, dass es dort draußen noch mehr Leute wie mich gab.

Ich liebte den Teamgeist dieser Menschen. Für mich waren sie wie ein Schluck Whiskey an einem stürmischen Tag. Eine warme Decke in einer kühlen Nacht. Eine Umarmung in einem Moment schrecklicher Einsamkeit.

Durch sie fühlte ich mich gut. Durch sie fühlte ich mich großartig. Aber dieses Gefühl war nur ein flüchtiger Eindruck. Es war weder Befreiung noch Erleuchtung. Es war keine Euphorie. Und es war kein Gefühl, das anhielt...

KAPITEL DREIUNDZWANZIG

Danach musste ich drei Mal vor Gericht erscheinen.

Meinen ersten Auftritt hatte ich bei einer Anhörung der Verteidigung. Ich plädierte auf *nicht schuldig*.

Mein zweites Erscheinen hätte für die Gerichtsverhandlung sein sollen. Aber sie wurde verschoben, weil die Polizei meinen Anwälten das CCTV-Filmmaterial nicht gegeben hatte.

Auch mein drittes Erscheinen war für die Gerichtsverhandlung gedacht. Aber die Polizei-Zeugen ließen sich nicht einmal blicken! Sie hatten gemerkt, dass sie gar keinen Fall hatten. Und so wurden alle Klagen fallengelassen. Der ganze Prozess war eine richtige Farce. Eine richtig verdrehte Art von psychologischem Krieg. Ich war auf ein chronisches Übel gestoßen.

Wie dem auch sei, etwas Positives hatte die Sache.

Um einen Verteidiger zu bekommen, musste ich einen Antrag für einen Pflichtverteidiger stellen. Um den Antrag für den Pflichtverteidiger stellen zu können, musste ich beweisen, dass ich ein niedriges Einkommen hatte. Und um zu beweisen, dass mein Einkommen niedrig war, musste ich mich bei der *Arbeitslosenhilfe* einschreiben. Während ich das machte, beanspruchte ich auch *Mietzuschuss.*

Ich hatte niemals zuvor Unterstützungen beantragt. Ich hatte immer gedacht, dass Sozialhilfe etwas für Schmarotzer und Idioten sei. Ich dachte, dass Leute ihr Geld verdienen sollten, statt sich auf den Staat zu verlassen.

Unter diesen Umständen, hatte ich jedoch keine andere Wahl. Und letztendlich ging es mir recht gut dabei.

Meinen Aktivismus habe ich jedoch eingestellt. Politische Proteste hatten mir nicht geholfen, den euphorischen Zustand zu erreichen, nach dem ich mich so sehr sehnte. Darum fragte ich mich, ob die Sache all diese Anstrengungen wert war. Und am Ende kam ich zu dem Schluss, dass sie das nicht war. Meine kleine Stimme sagte mir, dass diese Proteste die Welt nicht zu einem besseren Ort machten. Und ich wusste, dass sie mich auch nicht glücklich machten.

Ich liebte meine Aktivisten-Freunde und ich wollte mit ihnen in Kontakt bleiben. Das war leichter gesagt als getan. Ich schaffte es, mit Swampy Kontakt zu halten, aber Becky gab mir den Laufpass. Wir hatten das Einzige verloren, das uns zusammengehalten hatte.

Das deprimierte mich. Aber es haute mich nicht um. Ich war mir sicher, dass Aktivismus nicht die Antwort auf meine Probleme war. Ich war überzeugt davon, dass ich meine Tage des Protests hinter mir lassen musste.

Ich war auf den Geschmack von etwas Besserem gekommen, etwas, das purer war, und ich war entschlossen, es nochmals zu erleben. Ich war einhundertprozentig auf dieses Ziel fokussiert.

Aber egal, wie sehr ich mich bemühte, ich konnte einfach die einmal erlebten Höhen nicht erreichen. Und das fraß mich innerlich auf. Es gab mir das Gefühl, ein Versager zu sein. Ich hatte das Gefühl, ich sei hilflos und schwach.

Es ging mir miserabel, Ich war deprimiert.

Aber lassen Sie mich Ihnen eine Frage stellen: *Welche Art von Person ist heutzutage nicht deprimiert*? Ich denke,

Jiddu Krishnamurti hatte recht, als er sagte:
An eine durch und durch kranke Gesellschaft angepasst zu sein, ist kein Maß für Gesundheit.

Nun ja, ich war an meine Gesellschaft nicht *gut angepasst.* Ich war überhaupt nicht *gut angepasst.* Aber meine Gesellschaft war durch und durch krank. Sie hatte die Verbindung zur Natur, zur Menschheit und zu sich selbst verloren. <u>Sie</u> machte mich krank.

Mir ging's schlecht. Ich war unglücklich. Ich war deprimiert.

Ich hatte das Gefühl, dass, egal was ich tat, egal wie sehr ich mich anstrengte, ich kein Glück finden konnte. Ich hatte versucht, mich anzupassen, aber damit hatte ich nichts erreicht. Ich hatte meine Eltern, meine Lehrer und meine Chefs nicht glücklich gemacht. Und mit Sicherheit hatte es mich selbst nicht glücklich gemacht. Ich hatte die gewünschten Beförderungen nicht erhalten. Ich hatte mir keine Wohnung kaufen können. Und ich hatte mich nicht erfüllt gefühlt. Ich meine, ich hatte mein wahres ich verleugnet. Wie hätte ich mich erfüllt fühlen können? Wie hätte ich glücklich sein können?

Darum hatte ich meine Gesellschaft abgelehnt, aber ich hatte mich selbst trotzdem nicht gefunden. Ich hatte etwas Glück gefunden, aber kein wirkliches Glück. Keine vollkommene Glückseligkeit. Und in der Zwischenzeit war ich zum Ausgestoßenen geworden. Ein Paria. Von meiner Gemeinde abgelehnt. Von meiner Familie entfremdet. Und weit entfernt von meinen Freunden.

Es war ein hoher Preis, den ich zahlen musste. Ich fühlte mich vollkommen allein. Vollkommen verloren. Vollkommen verwirrt.

Meine kleine Stimme, diese leise Stimme in meinem Kopf, sagte mir, ich solle anderswo nach den Höhen, die ich erreichen wollte, suchen. Und so entschied ich mich nach vielen Überlegungen, Drogen auszuprobieren.

Ich fing mit Antidepressiva an. Rosafarbene, blaue, gelbe. Egal, was es war, ich nahm es. Ich nahm alles!

Am Anfang nahm ich nur ein paar pro

Woche. Dann begann ich diese Pillen jeden Tag zu nehmen. Ich nahm zwei pro Tag. Dann vier. Dann sechs.

Diese kleinen Nuggets der Befreiung arbeiteten sich wirklich bis zu meinen Neurotransmittern durch. Sie machten es sich darin richtig gemütlich; räumten mein Serotonin auf und schrubbten meine Norephrine sauber weg.

Jedes Mal, wenn ich diese Antidepressiva nahm, fühlte ich ein kleines bisschen Glück. Mein Geist wurde klar und mein Körper leicht. Aber leider hielt dieses Glück nie an. Und es gab auch Nebeneffekte. Ich litt unter Durchfall und Verstopfung, Schlaflosigkeit und Schläfrigkeit, Kopfschmerzen und Schwindelgefühlen.

Ich fühlte mich immer noch unerfüllt, ausgestoßen und allein. Ich wollte immer noch mehr. Ich sehnte mich immer noch danach, frei zu fliegen. Ich sehnte mich immer noch danach, Beethovens Neunte in meinen Ohren klingen zu hören.

Also machte ich mit Kokain weiter. Und *Mann oh Mann*, war das fantastisch. Es war etwas wie von einem anderen Stern.

Juchhu! Jippihh! Zur Hölle, ja!

Wenn ich Kokain nahm, floss *Lebensfreude* durch meine Adern. Ein breites Grinsen erschien auf meinem Gesicht. Ich ließ meine Sorgen hinter mir und durchtanzte die Nacht.

Aber auch dieses Gefühl war nicht dauerhaft. Ich musste mir stündlich etwas reinziehen, um high zu bleiben. Und das konnte ich mir leider einfach nicht leisten.

So warf ich einen Blick in mein Innerstes, Ich stellte mir selbst Fragen. Ich stellte meine eigene Existenz in Frage. Ich stellte alles in Frage:

Wer bin ich? Was bin ich? Was will ich?

Was um Himmels Willen mache ich mit meinem Leben?

Bin ich wirklich der Meinung, ich könne in dieser bitteren und verdrehten Welt Glück finden?

Was für ein Sinn lag darin, es auch nur zu versuchen?

Warum mache ich nicht einfach mit allem Schluss?

Pause. Einatmen. Ausatmen.

Entspannen.

Atmen.

Es ist nicht leicht, dies zu schreiben, liebe Leserin und lieber Leser. Aber das waren meine Gedanken. Und darum glaube ich, dass ich verpflichtet bin, sie hier hinzuzufügen.

Ja, ich dachte daran, mir das Leben zu nehmen. So, jetzt ist es raus! Aber bitte betrachten Sie das nicht als melodramatisch oder überzogen. So sah ich das nicht.

Ich sagte mir, dass Selbstmord eine tolle Sache sein würde. Eine großartige Sache. Eine Befreiung von dieser Welt des Leidens. Ein Übergang auf eine reinere Daseinsebene, frei von den Fesseln dieser niedrigen Existenz.

Ich würde die Kontrolle über mein Leben übernehmen. Ich wäre der Meister meines Schicksals. Ich wäre der Kapitän meiner Zukunft.

Ich würde die Dinge auf meine Art erledigen. Meine Art! Genauso wie ich es getan hatte, als ich in meiner Grundschule randalierte. Und genauso, wie damals, als ich meinen Job hinschmiss.

Für mich war Suizid keine feige Flucht; kein

Weglaufen vor meinen Problemen. Ich betrachtete es als einen mutigen Schritt nach vorne; ein Hinausgehen in das Unbekannte. Es war kein Eingeständnis einer Niederlage. Nein. Es war ein Sieg. Ein Sieg der Hoffnung über Verzweiflung, Vertrauen über Zweifel und Auswahl über Zwang.

Und so recherchierte ich. Ich las über Suizid alles, was ich fand. Darüber, wie man sich aufhängte, sich durch einen Stromstoß tötete und wie man sich die Pulsadern aufschlitzte. Ich werde Sie mit den blutigen Details verschonen. Ich brauche wohl nicht zu erwähnen, dass ich diese Methoden doch ernsthaft in Betracht zog.

Meine Gedanken verliefen daher entlang zwei entgegengesetzter Tangenten. Einerseits war ich auf der Suche nach der ultimativen Glückseligkeit; dem ultimativen Grund zu leben. Und andererseits suchte ich nach dem ultimativem Tief; dem Tod.

Ich war ein Geschöpf der Extreme. Auch wenn ich glaube, dass sie das bereits wussten. Ich habe Ihnen immerhin schon von meiner Alles-oder Nichts-Persönlichkeit erzählt. Ich bin so ein Schwarz-Weiß-Typ.

Paradoxerweise liefen diese beiden Extreme trotzdem zusammen. Ich suchte nach *allem* und nach *nichts,* nach meinem ultimativen Hoch und meinem ultimativen Tief in derselben Quelle: Drogen.

In den folgenden Wochen und Monaten nahm mein Drogenverbrauch wirklich überhand. Ich nahm nicht nur Kokain, ich nahm ein richtiges Sammelsurium von Bewusstsein verändernden Substanzen. Ein richtiges Gemisch aus Opiaten und Steroiden; Pillen und Puder; Aufputsch-, Beruhigungs- und Allzweckmittel.

Jede neue Droge machte mich etwas higher, brachte mich näher an das Zwielicht der Morgendämmerung. Auf Wolke Neun. In den siebten Himmel. Jeder neue Rausch brachte mich meinen Zielen etwas näher.

Entweder geleiteten mich diese Drogen in das Nirwana oder sie würden mich umbringen. Dessen war ich mir sicher. Und das war in Ordnung für mich.

Ich wollte sterben. Ich sehnte mich nach dem Tod. Meine kleine Stimme rief jeden Tag danach. Jede einzelne Stunde.

Ich wollte, dass diese Drogen mich

aufrichten. Um mich weiter durch die goldenen Wolken über mir zu tragen. Und dann, in dem Moment, wollte ich, dass sie mein Leben beendeten. Meine Misere beendeten. Mich von dieser Welt des Leidens wegwischten. Um mir den ewigen Frieden zu bringen.

Ich dachte, es würde herrlich sein. Ich dachte, es würde der Höhepunkt meiner irdischen Existenz sein. Meine Erleuchtung. Meine Befreiung. Meine Emanzipation.

KAPITEL VIERUNDZWANZIG

Ich kam nachhause in mein einsames Einzimmerappartement und hing meinen dicken Mantel an den Haken. Er tropfte auf den kaputten Boden:

Pitsch, Patsch, Pitsch.

Ich setzte mich auf meinen einzigen Stuhl und sah auf mein mickeriges Tischchen.

Vor mir lagen die Früchte von Tagen, die ich damit verbracht hatte, die vielen Spelunken der Ungerechtigkeit in der Stadt abzuklappern. Die berüchtigten Lokale, in denen Typen, wie aus einem Roman von Dickens, mit dem Unternehmergehabe der besten Geschäftsleute des Landes feilschten und handelten. Dort, wo man alles bekommt, was man will, einfach alles, so lange man die Hände dieser gierigen Seelen mit genug Silber und Gold füllt. Und wo der süße Geruch von Schweiß, Fleiß und Anstrengung sich mit dem bitteren Modergeruch von Blut, Adrenalin und Mut mischt.

Auf meinem kleinen, ramponierten Tischchen lagen all die Drogen, die ich bei diesen subterranen Tauchgängen herangeschafft hatte. Der ganze Koks, Klebstoff und Amphetamine; Pilze, Schmerztabletten und Haschisch, Meskalin, LSD und Ketamine.

Ich lechzte nach dem ultimativen Rausch. Und ich war bereit, dafür zu sterben. Es hieß gewinnen oder verlieren. Alles oder nichts. Ich wollte befreit werden und es war mir egal, wie es passieren würde. Dies war meine Zeit. Mein Moment.

Graue Wolken verschlangen die verbleibenden Fragmente blauen Himmels.

Ich drückte auf meiner Stereoanlage auf *Wiedergabe* und wartete darauf, dass der leise Klang von Beethovens Neunter Symphonie meine Ohren füllte. Zarte Geigensaiten sangen ein Schlaflied für meine Reise in die Verzückung. Hagel trommelte an meine schmutzigen Fensterscheiben.

Ich fing mit Koks an. Ich wusste mit Koks, woran ich war - er war eine alter Freund.

Ein scharfer chemischer Geruch stieg mir in die Nasenflügel. Winzige nach Backpulver riechende Partikel rieselten meinen Rachen hinunter.

Meine Augen traten hervor. Mein Körper

schwankte. Meine Arme waren wie Zweige im Wind; eins mit der Natur, eins mit der Zeit.

Bei Kokain hatte ich immer diesen unkontrollierbaren Drang, Boogie zu tanzen.

Ich stand auf meinen Füßen. Ich schaukelte. Ich tanzte einen Ein-Mann-Tango.

Beethovens Neunte klang hinreißend, während sie sich durch meine Gehörgänge ergoss. Bratschen gesellten sich zu Geigen und Cellos vereinten sich mit den Bratschen. Kontrabässe begannen zu summen und Flöten zu pfeifen.

Ich drehte die Lautstärke meiner Stereoanlage hoch. Dann nahm ich etwas Meskalin, das ich mit einem Schluck abgestandenem Bier herunterkippte.

Meskalin hatte ich schon, seit ich Aldous Huxleys Artikel *Türen der Wahrnehmung* gelesen hatte, nehmen wollen. Für Huxley war Meskalin eine giftige Abkürzung zur *Selbsttranszendenz*. Eine Tür zu *sakramentalen Visionen* und *kostenloser Gnade*. Eine spirituelle Droge.

Huxley glaubte, dass wir unseren Gehirnen

Zwangsjacken anlegen; dass wir unsere spirituelle Daseinsebene blockieren, um uns auf unsere physikalische Welt zu konzentrieren. Das ist ein Schutzmechanismus, der uns hilft, hier auf der Erde zu überleben.

Aber Huxley wollte aus dieser selbstangelegten Zwangsjacke ausbrechen. Er wollte die physikalische Daseinsebene überwinden. Er wollte mehr tun, als einfach nur zu *überleben*.

Und Huxley war nicht alleine. Das Huichol-Volk in Mexiko glaubte auch, dass Meskalin eine spirituelle Droge sei. Sie benutzen sie zum Heilen, um innere Stärke aufzubauen und um neue Prophezeiungen zu entdecken. Die amerikanischen Indianer nehmen Meskalin seit Jahrhunderten. Die Armee hat es als Wahrheitsserum benutzt.

Mir erschien es also wie die perfekte Droge. Eine Leiter zum Himmel. Spirituell. Erleuchtend. Transzendental.

Ich dachte, ich wäre ein Gewinner.

Ich schnupfte noch ein paar Linien Koks, während ich darauf wartete, dass das Meskalin Wirkung zeigte. Ich nahm ein paar

Schmerzmittel. Und ich stellte Beethovens Neunte auf wiederholte Wiedergabe.

Meine Pulsfrequenz verlangsamte sich.

Meine Herzfrequenz beschleunigte sich.

Meine kleine Stimme flüsterte:

Beam mich hoch, Scottie. Ich kontrolliere deinen Körper. Wir alle lösen uns auf...frisch... aufgelöst in la-di-da-di.

Ich stand an den Toren zu einem Wald.

Ich hörte ein paar Meerjungfrauen, Köche und Feldarbeiter ein Gutenachtlied singen. Ich ging auf sie zu. Ich nahm *Mystery* zur Liebhaberin und zog *Licht* groß als ihr Kind.

Ich stand an den Toren zu *Atlantis*.

Ich sprach mit den wiederauferstandenen Söhnen der See und der Sonnenwende über die Neuigkeiten vom Blau des Kaspischen Meeres.

Und ich rannte zu den Lichtern, warf Liebe auf die Winde. Und ich rannte zu den Lichtern der Unendlichkeit, ein Schüler, der sieht, wie die Räder sich drehen.

Unter der Oberfläche meiner Intention, hörte ich das Gerede eines alten Mannes. Er trug ein Gewand mit bleichgesichtigen Harlekinen. Der Mond war meine Mutter.

Der Sturm hielt meine Augen.

Meine feminine Seite präsentierte sich mit Blumen.

Sie schnitt ihre Stiele ab und schob sie mir sanft in den Hals.

Meinen Hals!

Er brannte! Er kratzte! Er stach! Er blutete!

Beethovens Neunte erreichte ihr erstes Crescendo. Die Bässe begannen mit ihrem Schlachtruf. Flöten vereinten sich mit Klarinetten. Bratschen tönten. Trompeten und Hörner quietschten mit unkontrollierbarem Entzücken.

Und in diesem Moment fühlte ich mich glücklich. Wirklich glücklich. Verträumt. Friedvoll.

Ein Sonnenstrahl drang zwischen den Gardinen durch. Er erhellte mein Gesicht. Er erhellte meine ganze Welt.

Ich lächelte.

Ich strahlte glücklich!

Ich atmete ein Riesenstück reine Glückseligkeit ein!

Ich fühlte, dass ich kurz vor meinem ultimativen Glücksrausch stand.

Und dann beschleunigte sich meine

Herzfrequenz; zuerst zu einem gefährlichen Rhythmus, zuletzt zu einer wahrhaftig frenetischen Geschwindigkeit. Der Herzschlag war unregelmäßig, wie Cembalos bei einem Jazz-Konzert. Er hatte einen kaum wahrnehmbaren Rhythmus, der mit tausend Schlägen pro Minute dahinrasselte. Und er hörte sich elektronisch an. Streng. Manisch. Es fühlte sich an, als wäre ein Gürtel unglaublich eng um mein Herz geschnallt. Blubbernde Lava stieg durch meine Arterien hoch, flüssig und weißglühend strömte sie durch meine Venen und brennende Holzscheite verödete die Enden all meiner Kapillare.

Meine Nerven erlitten einen Kurzschluss.

Meine Kleider bluteten weißen Schweiß.

Meine Haut verlor ihre Farbe.

Beethovens Neunte schrie nach Erlösung, Ruhm und Befreiung. Es war ein leidenschaftlicher wuterfüllter Schrei.

Jedes Gramm meines Wesens schrie nach Befreiung. Befreiung von Schmerzen. Befreiung von ewiger Verdammnis. Befreiung vom Leben.

Die Farben! Die Farben waren überall!

Ich sah mit rotem Staub bedeckte Kinder schattentanzen. Ich sah weiße Federn herabfallen, auf denen die Nachricht von meinem Tod stand. Und ich sah die erstgeborene Tochter der wassergesichtigen Dunkelheit. Mit bordeauxrotem Blut an ihren Händen nahm sie die Lotusposition ein.

Poseidon gab mir einen Ball aus rosafarbenem Licht.

Der grüne Fluss kannte meinen Namen.

Die Sonne war innerhalb von mir. Das Wasser war unter mir. Mein Magen drehte sich, als wäre er ein Kompass. Ich betete gen Osten und lag atemlos da.

 Volle zwei Stunden war ich von Terror gelähmt. Oder vielleicht waren es drei Stunden, vielleicht sogar mehr. Zeit existierte nicht. Eine Uhr tickte, aber nur, um sich lustig zu machen. Ihre Hände bewegten sich nicht. Ihr Gesicht war leer.

Und dann brach ich durch.

Ich war so nah dran! So nah an dieser ultimativen Glückseligkeit. So nah am Ende.

Ich griff mir ein paar unbekannte Pillen und schmiss sie mir in den Rachen.

Ich schnüffelte etwas Klebstoff.

Ich segelte los in ein unendliches Meer der Nichtigkeit. Ich war der Mondzyklus. Ich war die Leibesfrucht der Sonne.

Ich warf mich selbst über Bord, wo ich das Geheimnis der Rollbrandung hörte. Und ich verstand, dass dort unten keine Ketten mehr sein würden.

Ich gab meinen Atem und meinen Namen auf und überlebte als Regen.

Ich war der Wettermann.

Die Wolken kündigten einen Sturm an.

Ein weißer Büffel wurde geboren und rannte bereits.

Ich hörte genau hin.

Ich hörte ein Summen.

KAPITEL FÜNFUNDZWANZIG

Piep! Piep! Piep!

Ich fiel.

Ich schwebte.

Ich war ein Vogel. Meine Flügel waren gespreizt. Sie glitten durch zarte Flocken rauchiger Wolken. Die Luft streichelte meine Federn. Die Sonne gab mir Kraft für meinen Flug.

Piep! Piep! Piep!

Ich fuhr einen Wagen. Nur, dass der Wagen kein Wagen war; er war ein Elefant. Ich saß in diesem Elefanten, drehte an einem Lenkrad und sah durch den Mund des Elefanten nach draußen.

Piep! Piep! Piep!

Ein Anime-Hase warf sich mit einem blutgetränkten Schwert in seiner Pfote auf mich.

Piep! Piep! Piep!

Mir wurde endlich bewusst, dass ich in einem Krankenhausbett lag. Ich lag in einem Koma. Bewusstlos. Unsicher, was real war und was ich glauben sollte.

Es war ein Tiefschlag auf meine Psyche.

Ich war weder niedergeschlagen noch

himmelhochjauchzend. Ich hatte es weder bis zum Nirwana geschafft noch war ich gestorben.

Piep! Piep! Piep!

Ich hörte, wie sich zwei Krankenschwestern unterhielten:

»Einerseits ist Steven ein toller Liebhaber. Aber andererseits liebt Patrick mich wirklich.«

Piep! Piep! Piep!

Ich hörte den Klang von Musik.

Ich hörte den Staubsauger.

Ich hörte die Krankenschwestern wieder sprechen:

»Es wurde entschieden. Wir werden seine Beine amputieren müssen.«

Piep! Piep! Piep!

Ich befand mich auf einer Party. Die Gäste waren alle mit Mist überhäuft. Es war sehr realistisch. Ich konnte sogar den fauligen Gestank der Exkremente riechen. Ich war überzeugt davon, wirklich dort zu sein.

Piep! Piep! Piep!

Ich wurde von einer Bande von Menschenhändlern an eine Fabrik verkauft. Sie zwangen mich, Markenetiketten auf

Allerweltskleidung zu nähen - vierundzwanzig Stunden am Tag.

Piep! Piep! Piep!

Ein stereotyper Jesus kam auf mich zu. Er hatte lange braune Haare und trug ein langes weißes Gewand. Ein goldener Schein umgab ihn.

»Ich kann dich in den Himmel bringen«, sagte er. »Aber nur, wenn du bereit bist.«

Ich wollte gerade „*Ja! Ja! Nimm mich mit! Nimm mich jetzt mit!* " schreien, aber ich sah die Traurigkeit in seinen Augen. Traurigkeit lag in der Luft. Kleine Insekten weinten.

Winzige Tränen füllten ihre Augen.

Ich hielt inne, um nachzudenken. Ich dachte an meine Familie. An meine Freunde. An meine Gesellschaft. Ich dachte stundenlang. Tagelang. Wochenlang.

Aber ich bleib bei meinem Entschluss:

„Nimm mich, Jesus", sagte ich. „Nimm mich mit."

Der stereotype Jesus sah mich an. Sein Gesichtsausdruck war so weich wie die Wolle eines Lamms. Ich merkte, dass er mich anlächelte, obwohl in seinem Gesicht kein Lächeln zu sehen war. Ich fühlte seine Liebe.

Ich fühlte seine Wärme.

„Nimm mich mit", wiederholte ich.

Der stereotype Jesus schüttelte seinen Kopf.

„Tut mir leid", antwortete er. „Deine Zeit ist noch nicht gekommen."

Er schwebte davon. Er schwebte immer höher. Er schwebte durch die Decke. Und dann verschwand er.

KAPITEL SECHSUNDZWANZIG

Piep! Piep! Piep!

Sie sagen, vor der Dämmerung ist es am dunkelsten. Sie sagen, dass nichts von Wert einfach ist. Sie - wer immer sie auch sein mögen - sagen verdammt viele Dinge.

Aber ich verstand, was sie sagten. Ich wusste, dass es schwer sein würde, mein Leben umzudrehen. Aber es ist, wie Lao Tzu sagt: *Eine eintausend Kilometer lange Reise beginnt mit einem einzelnen Schritt.*

Ich war bereit, diesen *einzelnen Schritt* zu gehen.

Ich erwachte aus dem Koma und öffnete meine Augen.

Alles war weiß. Strahlend weiß. So steril, wie ein Einkaufszentrum. Und so rein, wie der Erde erster Morgen.

Inmitten der Weiße, stand ein Engel in der Uniform einer Krankenschwester. Sie war nicht schön; sie war übergewichtig mit groben abgearbeiteten Händen und einem zerknitterten Gesicht. Trotzdem sah sie gut aus; ihre Haut war schwarz wie das Universum und ihre Augen so weiß wie die Sterne. Sie war faszinierend. Sie hatte so eine gewisse Art von Fülle, eine gewisse Art von Charisma, die mich anzog.

»Hallo, Dornröschen«, sagte sie.

Ich blinzelte den Schlaf aus meinen Augen.

»Err. Uh«, murmelte ich unter Anstrengungen. »Ehm. Hallo.«

Die Krankenschwester lächelte. Es war ein weiches, warmes Lächeln; von den Jahren gezeichnet und von tiefen Gefühlen rekonstruiert.

»Hallo mein Liebling«, sagte sie. »Ich bin Betty.«

»Betty?«, fragte ich mit erschöpfter Stimme.

»Schwester Betty.«

»Oh.«

»Wie fühlst du dich?«

»Hallo, Schwester Betty.«

»Hallo Yew.«

»Sie haben ein hübsches Lächeln.«

»Danke«.

»Ich mag ihr Lächeln wirklich gern.«

»Danke. Wie fühlst du dich?«

»Ich fühle die Wärme Ihres Lächelns.«

Schwester Betty kicherte.

»Und wie fühlst du dich körperlich?« fragte sie.

»Ruhig. Leicht. Leer. Nicht existent. Ich weiß es nicht. Ich kann es nicht fühlen.«

»Hast du Schmerzen?«

»So viele Schmerzen!«

»Wo?«

»In meinem Geist.«

Schwester Becky hielt ihren Kopf schräg. Sie sah wie das personifizierte Mitleid aus; mit hochgezogenen Augenbrauen und eingefallenen Wangen. Sie löste in mir ein Gefühl des Wohlbefindens aus. Ich nehme an, dass ich deshalb fortfuhr:

»Ich wollte das Nirwana,« erklärte ich. »Ich wollte den Tod. Ich wollte Befreiung, irgendeine Art von Befreiung. Und trotzdem stecke ich jetzt hier fest, auf der materiellen Ebene; weder erleuchtet, noch tot, noch frei. Und das tut weh. Es tut so sehr weh.«

Es war das erste Mal, dass ich jemanden etwas über meine Gefühle erzählte. Und ich tat es, ohne überhaupt darüber nachzudenken. Meine kleine Stimme blieb vollkommen still. Diese Worte schlüpften einfach über meine Zunge, ohne

Anstrengung, wie Wasser, das von einem herabhängenden Blatt abtropft.

Es fühlte sich richtig an, gut. Es fühlte sich an, als sei eine enorme Last von meinen Schultern genommen worden. Es lag Liebe in Schwester Bettys Augen.

Diese Augen waren wie Whirlpools voller Mitleid. Sie waren Strudel herzschmelzenden Mitgefühls und lebensbejahender Menschlichkeit.

»Arme Seele«, sagte sie.

Sie legte ihre Hand auf meinen Arm.

»Arme Seele. Wir werden dir Hilfe besorgen müssen.«

»Sie können helfen«, antwortete ich. »Ich brauche niemand anderen.«

Schwester Becky verzog eine Wange.

»Da bin ich nicht sicher«, antwortete sie. »Ich bin nur eine Krankenschwester.«

»Sie sind nicht einfach *nur* etwas.«

»Nun, ich wurde nicht dafür ausgebildet, dir auf diese Weise zu helfen.«

»Die Ausbildung ist mir egal - das ist alles nur ein Haufen von Quatsch. Tun Sie einfach das, was Ihnen instinktiv in den Sinn kommt. Tun Sie das Erste, was Ihnen einfällt.«

Ein Schimmer der Erkenntnis huschte über Schwester Bettys Gesicht.

»Ok«, sagte sie. »Ok, mein Lieber.«

Sie nahm ein Buch aus ihrer Handtasche und gab es mir dann.

Ich nahm das Buch. Sein Titel war *Die Weisheit von Lao Tzu* und ich begann, zu lesen.

KAPITEL SIEBENUNDZWANZIG

Haben Sie je einen Erwachsenen mit einem kleinen Kind spielen sehen? Diese reifen, sensiblen Personen benehmen sich oft, als wären sie selbst Kinder. Sie stoßen komische Töne aus, machen komische Sachen und erlauben ihrer Fantasie mit ihnen durchzugehen. Es ist, als würde das Kind ihnen erneut beibringen, wie man spielt; es erinnert sie an eine seit langem verlorene Fähigkeit und hilft ihnen, sich wieder mit ihrem eigenen inneren Kind zu verbinden.

Nun, einen ähnlichen Prozess habe ich, dank Schwester Betty, selbst erlebt. Sie hat mir geholfen, die Verbindung zu meinem inneren Kind wiederherzustellen.

Alles fing mit einer schwierigen Frage an:

»Warum wolltest du sterben?« fragte sie mich.

Ich machte eine Pause.

Ein Spatz sang seiner Liebsten ein Lied.

Ich sah in Schwester Bettys tiefe Augen voller Mitgefühl. Diese Augen, die so leuchteten, wie die Sterne. Und dann antwortete ich:

»Weil ich nicht ich selbst sein kann«, sagte ich. »Die Gesellschaft erlaubt es nicht.«

Schwester Betty biss sich auf die Lippen.

»Ich möchte einfach nur frei sein. Frei von sozialem Druck. Frei, ich selbst zu sein. Mein wahres ich. Mein Egot.«

»Dein Egot?«

»Frei, ich selbst zu sein. Frei, um auf meiner inneren Stimme zu hören. Frei, um glücklich zu sein.«

Schwester Betty nickte.

»Du möchtest spielen, nicht wahr, mein Lieber?« fragte sie.

Ich zuckte mit den Achseln.

Mein Körper wollte es aber mein Geist war verwirrt. Ich war nicht sicher, was Schwester Betty mit dem Wort *spielen* meinte. Spielen bedeutete für mich, an einer strukturierten Aktivität teilzunehmen, wie zum Beispiel in einem Fitnessraum zu trainieren oder in einem Restaurant zu essen. Die Art von Dingen, die Erwachsene taten, sobald sie ihre Arbeit beendet hatten. Ich dachte nicht an das kindliche Konzept vom Spiel. Der Drang an dieser Art von Spiel teilzunehmen, war mir in der Schule ausgetrieben worden.

»Komm«, fuhr Schwester Betty fort. »Komm, komm, mein Lieber.« Sie half mir aus dem Bett und führte mich hinunter in den Flur. Aber sie ging nicht einfach den Flur hinunter. Sie schlidderte den Flur mit all dem Übermut einer Fünfjährigen entlang.

Und ich machte mit! Liebe Leserin und lieber Leser, ich schlidderte wirklich diesen Flur entlang! Meine kleine Stimme sagte: *„Was zum Teufel!"* Und ich schlidderte das erste Mal, seit ich ein Kind gewesen war. Ich schwang meine Beine vorwärts und sprang mit all der Freude der Jugend durch die Luft.

Wir hielten uns an den Händen und schlidderten zusammen, als wären wir auf dem Spielplatz einer Schule.

Wir schlidderten an beschäftigten Ärzten, kranken Patienten und erstaunten Besuchern vorbei.

Wir kicherten ausgelassen als sich die Schiebetüren wie durch Zauber öffneten. Und wir rannten heraus auf das Gras, wo wir unsere Schuhe und Strümpfe auszogen.

Das Gefühl von Gras unter dem nackten Fuß! Das war echte Magie! Das heilige Elixier!

Meine Zehen wurden von den flauschigen grünen Büscheln massiert. Meine Sohlen küssten den weichen grünen Teppich. Meine Fersen sanken in den üppigen Boden.

Mutter Natur kitzelte meine nackten Füße. Die lebendige Erde streichelte mein müdes Fleisch. Der in Jahrhunderten entstandene Boden absorbierten meine schuppige Haut.

Es fing an zu regnen.

Wir begannen zu tanzen.

Wir hielten uns an den Händen und drehten uns im Kreis, während die Tränen himmlischer Cherubine unsere sterbliche Haut liebkoste.

Das kristalline Elixier brachte mich an einen anderen Ort. Es war erfrischend. Erfreulich. Real.

Mein Herz pumpte.

Meine Wangen bekamen Farbe.

Meine kleine Stimme jubelte vor Freude.

Und der Regen machte Platz für einen zauberhaften Regenbogen.

Ich bestaunte ihn. Ich starrte das Ding mit offenem Mund und weit aufgerissenen Augen bewundernd an. Kindliche

Bewunderung. Selige Ehrfurcht.

Das Violett war so lebhaft! Das Indigo so nachgiebig! Das Rot so real!

Als sähe ich einen Regenbogen zum allerersten Mal, erfüllte mich seine Ansicht mit verwundertem Staunen. Er erschien mir einfach so magisch. So mysteriös.

Vielleicht erinnern Sie sich daran, dass ich mich schon einmal so gefühlt hatte. Kurz vor meinem Schwertkampf mit dem fetten Schmitt hatte ich draußen einen Regenbogen bewundert und die gleichen Gefühle gehabt. Auch damals wollte ich den Regenbogen jagen.

Aber so hatte ich mich seit Jahren nicht mehr gefühlt. Ich fand Regenbögen prosaisch. Ein wissenschaftliches Phänomen; leicht ignoriert und leicht vergessen. An dem Tag, an dem ich verhaftet wurde, zum Beispiel, nahm ich den Regenbogen, der über mir stand, gar nicht wahr. Damals war es für mich einfach nichts, das es wert war, beachtet zu werden.

All das änderte sich.

Ich entdeckte meinen Sinn für Wunder wieder

Meine Augen klebten förmlich an der Schönheit des Regenbogens. Ich verschlang diese Farben, saugte die duftigen Farbnuancen und den hellen Glanz auf.

Mein Wesen füllte sich mit Energie.

Meine Haut wurde wieder gesund.

Schwester Betty nahm meine Hand. Ihre raue Haut liebkoste meine Handfläche.

»Dort drüben lebt eine Elfenfamilie«, sagte sie.

Ich musste beinahe lachen. Und wirklich, ein spontanes Kichern flirtete mit meiner Zunge. Aber ich ging nicht weiter. Mein neuentdeckter Sinn für Wunder gewann die Oberhand, zerstörte es und spie es aus.

In diesem Moment konnte ich glauben. Ich hatte meinen Geist aus der Zwangsjacke befreit. Und ich war bereit, die Welt in einem völlig neuen Licht zu sehen. Ich war bereit, mich von der Verpflichtung, etwas zu begründen, zu befreien und selbst in die Welt der unbegrenzten Möglichkeiten einzutauchen.

»Sie leben in riesigen Höhlen unter den Wurzeln dieser Bäume«, fuhr Schwester Betty fort. »Sie tragen rote Uniformen und spitze Hüte. Und sie kochen mit allen möglichen Beeren und Nüssen, die sie finden, ausgezeichnete Festessen.«

»Was für Gerichte bereiten sie zu?«

»Oh, alles, mein Lieber! Alles! Preisselbeeren-Gazpacho. Ahorn-Couscous. Brennnesselkuchen. Sie kochen diese merkwürdige Art von Speisen, von denen wir Menschen niemals träumen würden.«

»Wow! Das hört sich toll an!«

»Stimmt!«

»Wir sollten sie um ein Rezept bitten.«

»Ok. Das machen wir!«

Schwester Betty führte mich durch eine Gruppe spindeldürrer Bäume. Dunkle Tannen breiteten ihre knorrigen Arme über uns aus. Verworrene Wurzeln piekten unsere Fersen. Blätter krochen unsere Hosenbeine hoch.

»Wir müssen die Elfen rufen«, sagte Schwester Betty zu mir. Auf ihrem runzligen von den Jahren verwitterten Gesicht lag ein Ausdruck kindlicher Unschuld. »Wir müssen sie so rufen: *Elfe! Elfe! Wo bist du Elfe?*«

Schwester Betty sah mich an. Dieses weiche Lächeln breitete sich auf ihrem ganzen Gesicht aus. Sie räusperte sich und fuhr dann fort:

»Versuch du es jetzt mal, meine Lieber.«

Ich nickte. Und wie ein Erwachsener, der einem Kind folgt, verlor ich all meine Hemmungen.

Ich rief nach diesen Elfen! Ich sang für sie. Ich suchte nach ihnen im Unterholz. Und wenn ich sah, dass sich unter den Blättern etwas bewegte, rief ich: *„Elfe! Elfe! Elfe!"*

Ich war überzeugt davon, dass es eine Elfe war. Es gab keine Beweise für meine Annahme, aber ich glaubte. Ich glaubte!

Wir feierten. Wir klatschten. Wir klatschten weiter. Es war großartig, einfach nur zu klatschen.

Wir umarmten uns. Zwischen uns funkte es, als würde Strom durch uns geleitet. Dieser menschliche Kontakt fühlte sich an, wie ein großes Stück Glückseligkeit.

Und wir lachten. Wir lachten laut heraus. Wir brachen in schallendes Gelächter aus. Ein Lachen tief aus dem Bauch heraus folgte dem anderen. Donnernde Lachanfälle warfen uns zu Boden. Und herzhafte Lachkrämpfe zwangen uns, herumzurollen.

Es fühlte sich wunderbar an.

Wir lachten und dann lachten wir immer mehr. Wir lachten, um des Lachens Willen. Wir lächelten, um des Lächelns Willen. Und wir heulten, um des Heulens Willen:

„Ah-uuu! Ah-uuu! Ah-uuu!"

Ein Wolf heulte zurück.

Ein Vogel zwitscherte.

Ein Hase tanzte.

Ein Baum schwankte.

Ein Regenbogen lächelte.

KAPITEL ACHTUNDZWANZIG

Schwester Betty ging mit mir jeden Morgen und jeden Abend heraus in die Natur, um mit mir zu spielen und Spaß zu haben. Wir sprachen über den Weihnachtsmann, die Zahnfee und die Zwerge, die nachts lebendig wurden. Wir sangen im Wind und tanzten im Regen.

Diese wunderbare Frau half mir wirklich, mich wieder mit meinem inneren Kind zu verbinden. Aber mein inneres Kind war immer noch nur ein Kind. Ich musste es weiterhin füttern. Ich musste ihm immer noch helfen, zu einem vollkommenen inneren Erwachsenen heranzuwachsen.

Ich wusste einfach nicht, wie ich das anstellen sollte.

Dann hörte ich einen Song von Akala, der *„Bildet Euch"* hieß. (Das Lied, das bei meiner Verhaftung gespielt wurde. Vielleicht erinnern Sie sich noch an den Text, der auch am Anfang dieses Buchs steht.

Wie dem auch sei, diese Zeile gab mir zu denken:

„Vergesst, was sie euch in der Schule erzählt haben. Bildet euch!"

Ich hatte dieses Lied hunderte Male gehört, jedoch nie auf diese Worte achtgegeben. Nicht, bis zu diesem Moment.

In diesem Moment schien alles klar zu sein. Alles machte Sinn. Ich verstand, dass meine ablehnende Haltung gegenüber der Schule nicht an der Ausbildung, die ich dort erhielt, lag. Ich fand es gut, dass man mir dort Lesen und Schreiben, Addieren und Subtrahieren beigebracht hatte. Nein, meine Ablehnung kam von der Art und Weise, wie ich dort belehrt worden war. Dagegen hatte ich mich aufgelehnt, aber ich hatte nie gegen die Bildung selbst rebelliert.

„Piep! Bop! Piep!"

„Ich sage nicht, halt dich an die Regeln. Bilde dich!"

Mit dieser einen Zeile half mir Akala, zu erkennen, dass Bildung rebellisch sein konnte. Bildung konnte die reinste Form der Rebellion sein. Sie konnte ein unverfälschter Aufstand sein!

Und genau deswegen, konnte sie befreiend sein:

„Piep! Bop! Piep!"

„Zerbrecht die Ketten eurer Versklavung.

Bildet euch!"

Ich erkannte, dass ich gebildet werden musste. Wirklich gebildet. Ich würde mich bilden müssen.

Darum bat ich Schwester Betty, mir ein paar Bücher aus der Bibliothek zu bringen. Und als ich diese Bücher bekam, tauchte ich ein in ihre süßlichen, muffigen Seiten. Ich las alles über die psychologischen Konzepte, die ich Ihnen bereits erklärt habe.

Ich las über Mangel an Naturverbundenheit. Und ich merkte, dass ich nicht alleine war. Dass es normal war, sich gefangen zu fühlen, wenn man gezwungen wird, in einem stickigen Klassenzimmer oder an einem seelenlosen Arbeitsplatz zu sitzen. Dass quer über dem ganzen Globus Kinder und Arbeitende sich ebenso fühlten. Dass sie es auch vorgezogen hätten, draußen in einer natürlichen Umgebung zu sein.

Ich las über Stanley Milgrams Experiment, dass mir half, meine Unterwürfigkeit gegenüber Autorität zu verstehen.

Ich las über Solomon Aschs Arbeit, die mir half, zu verstehen, wie der Druck der

Arbeitskollegen mich beeinflusst hatte.

Und ich las über zuversichtliche Voreingenommenheit, was mir dabei half, zu verstehen, warum ich auch dann weitermachte, wenn es irrational war, dies zu tun.

Aber am meisten beeindruckte mich die Entdeckung von *Operanter Konditionierung*. Das öffnete mir regelrecht die Augen. Es half mir, zu verstehen, wie mein Direktor, meine Lehrer und Eltern alle konspiriert hatten, um mich zu formen. Wie ihre Bestrafungen und Belohnungen mich dazu gebracht hatten, mein wahres Selbst zu verleugnen, den Egot zu töten und mein inneres Kind einzusperren.

Das, so schien es mir, war die Wurzel all meiner Probleme.

Und so schloss ich, dass ich von dort aus anfangen würde. Ich würde die schädigenden Effekte meiner operanten Konditionierung rückgängig machen müssen. Ich würde den Egot wieder auferstehen lassen müssen.

Aber das, liebe Leserin und lieber Leser, war einfacher gesagt, als getan. Ja, ich hatte ein paar meiner kindlichen Fähigkeiten wie Unschuld, Verwunderung, Staunen, Sensibilität und Verspieltheit wiederentdeckt. Aber ich hatte die Geschichte nicht neu geschrieben. Die Wahrheit war, dass der Egot viele, viele Jahre lang verleugnet, vernachlässigt, verleumdet, verlassen und abgelehnt worden war. Er war unter der Erde des sozialen Drucks beerdigt worden. Sein Körper war zu Staub verfallen.

Ich versuchte ihn mit meinem Willen zum Leben zu erwecken. Ehrlich, das habe ich getan! Ich kniff meine Augen zusammen, presste meine Lippen fest aufeinander und fokussierte alle meine Energie auf mein Gehirn. Ich konzentrierte mich auf ein mentales Bild vom Egot. Ich rief nach dem Egot. Ich betete sogar für die Rückkehr des Egots. Jawohl, das ist richtig. Ich, Yew Shodkin, der nie in seinem Leben freiwillig für etwas gebetet hat, betete wirklich für den Egot!

Aber - leider - es half nichts. Der Egot war verschwunden und kam auch nicht wieder. Ich würde ohne ihn auskommen müssen.

Nun, als ich zu dieser eher traurigen Erkenntnis kam, wendete ich mich wieder Schwester Bettys Lao Tzu-Buch zu. Und verborgen zwischen seinen zerknitterten Seiten fand ich Inspiration. Ich fand Hoffnung. Ich fand eine Richtung.

Lao Tzus Worte sprachen wirklich zu mir. Sie vibrierten auf meiner natürlichen Wellenlänge. Wie zum Beispiel diese Zeile: *„Durch Loslassen erledigt sich alles. Die Welt wird von denen erobert, die loslassen. Die Welt kann von denen, die es wieder und wieder versuchen nicht gewonnen werden."*

Nie wurden Worte gesagt, die mehr Wahrheit enthalten!

Mir wurde bewusst, dass ich mein ganzes Leben damit verbracht hatte, mir Mühe zu geben. Wieder und immer wieder hatte ich es versucht. Ich hatte versucht, der Schüler zu sein, wie ihn meine Lehrer wollten; der Sohn, den sich meine Eltern wünschten; der Angestellte, den meine Chefs wollten. Ich hatte versucht, Erfolg zu haben, der Beste zu sein, Belohnungen zu verdienen, befördert zu werden, eine Gehaltserhöhung zu bekommen und mein eigenes Heim zu kaufen.

Es hatte nichts genutzt. Ich hatte es *ein um das andere Mal versucht*, aber *ich konnte die Welt nicht für mich gewinnen.*

Dieser Mythos, auf den unsere Gesellschaft aufgebaut ist, dass *man alles erreichen kann, wenn man es nur versucht,* erschien mir vollkommen absurd. Im günstigsten Fall war es eine fixe Idee und im schlimmsten Fall eine absichtliche Täuschung, damit wir alle weiterhin für den Mann arbeiteten.

Meiner Meinung nach, hatte Lao Tzu recht. Mir wurde klar, dass ich „loslassen" musste. Oder, wie Lao Tzu meinte, sollte ich „einfach sein, mich natürlich geben, weniger egoistisch sein und meine Wünsche einschränken." Weil, „Wer weiß, dass genug *genug* ist, wird immer genug haben." Er wird „die Welt gewinnen".

KAPITEL NEUNUNDZWANZIG

»Komm schon, mein Lieber«, sagte Schwester Betty. Der Schein einer Straßenlaterne wurde von ihrer pechschwarzen Haut reflektiert. Die frische Morgenbrise liebkoste die Runzeln auf ihrem zerknitterten Gesicht.

Schwester Betty packte meine einzige Tasche mit allen meinen Besitztümern in den knarrenden Kofferraum ihre rostige alte Klapperkiste. Sie steckte ihren Schlüssel in das Zündschloss, drehte ihn gewaltsam um und fiel zurück in ihren staubbedeckten Sitz.

Die Rostkarre brüllte auf. Sie schaukelte von links nach rechts und vibrierte von vorne bis hinten. Und dann hüpfte sie vorwärts.

Wir krochen durch die labyrinthartigen Straßen der Stadt; vorbei an grauen Gebäuden, grauem Himmel und grauen Menschen. Und obwohl wir an einer endlosen Reihe von Verkehrsampeln anhalten mussten, hatte ich das Gefühl, dass wir gut vorankamen. Es kam mir vor, als ob wir uns von der roboterartigen Umklammerung der Stadt befreiten.

Schließlich hatten wir es geschafft. Wir

hatten endlich eine naturbelassene grüne Landschaft erreicht. Einen Landstrich, den man als „auf dem Land" oder „die Wildnis" bezeichnen könnte, den ich aber lieber „Natürliches Habitat" nennen möchte.

Wir schlängelten uns malerische Straßen entlang, an deren Seiten alte Bruchsteinmauern verliefen. Wir schlüpften an saftigen Wiesen und Bäumen vorbei, die älter waren als die Zeit. Wir rutschten über schlammige Pisten, die so kleberig waren wie Eis mit heißer Karamellsoße. Und wir schlidderten durch wasserführende Bachläufe.

Die Luft schmeckte nach Freiheit. Das Gras roch nach dem Leben selbst. Die Vögel sangen von Liebe.

Schwester Betty sang zusammen mit den Vögeln. Und ich ebenso! Wir sangen so laut, wie wir konnten. Würzige Luft füllte unsere Lungen und süße Rhythmen füllten unsere Seelen. Ich fühlte mich frei, ich fühlte mich erfüllt.

Liebe Leserin und lieber Leser, ich möchte die Gelegenheit nutzen, zu erwähnen, wie dankbar ich Schwester Betty für ihre Hilfe an jenem Tag bin. Sie hätte es nicht tun müssen. Sie tat es nicht während ihrer Arbeitszeit. Aber sie half mir trotzdem.

Gott, ich liebte diese Frau! Ich war nicht *in sie verliebt*. Ich hatte keine Lust auf ihren Körper. Ich hegte keinerlei romantische Gefühle für sie. Aber ich fühlte doch eine reine, selbstlose Art von Liebe für Schwester Betty. Eine wohlwollende Art von Liebe. Die Art von Liebe, die von den alten Griechen „Agape" genannt wurde.

Jedenfalls bog Schwester Betty von der Straße ab und fuhr zickzack durch einen duftigen Hain tanzender Bäume.

Wir kamen an eine Lichtung; sie war so frisch wie der Morgentau. Sie war üppig, so einladend.

Ich inhalierte. Und ich sah hoch zu meinem neuen Heim.

Ihnen, liebe Leserin und lieber Leser, wäre die verlassene Hütte vielleicht wie eine Bruchbude vorgekommen. Ein Haufen alter Steine. Aber für mich war sie der Himmel. Sie war traumhaft. Sie bestand aus vier Steinwänden, viel Holz und viel überschwänglicher Natur.

Meine kleine Stimme stieß einen tiefen Seufzer der Erleichterung aus.

Ich fühlte, dass ich endlich dort war, wo ich hingehörte.

Es ist, wie Lao Tzu sagte: „*Die Karriere eines Weisen kann auf zwei Arten verlaufen: Entweder wird er, wie eine Blume, die ihren Kopf im Wind wiegt, von allen Menschen der Welt verehrt oder sonst verschwindet er in einem stillen Wald.*"

Nun, ich hatte meinen *stillen Wald* gefunden und ich *verschwand* darin.

Ich bin seither hier gewesen.

KAPITEL DREISSIG

Schwester Betty sagte Auf Wiedersehen und ich machte mich an die Arbeit.

Ich reparierte das Dach mit dem Holz, das an einer der Außenwände aufgestapelt war und ich baute mit den Steinen, die überall herumlagen, eine kleine Feuerstelle. Die Hütte wurde zu einem Heim. Sie wurde mehr als nur ein Heim. Für mich war sie ein Palast, ein Zufluchtsort und Heiligtum.

Der Regen tropfte an Stellen herein, deren Existenz ich bisher gar nicht bemerkt hatte. Der Wind pfiff, heulte und wirbelte um das kleine Haus herum. Aber mir war das egal. Ich trank den Regen mit Genuss und saugte diese zuckerig süße Luft ein.

Ich nahm alles in mich auf und lächelte.

Was für ein Wunder! Was für eine Schönheit! Was für eine Anmut!

Ich fühlte mich plötzlich am rechten Ort. Als hätte ich meinen natürlichen Zustand gefunden. Mein ganzes Leben begann sich an den Rhythmus der Natur anzupassen.

Es ist, wie Lao Tzu sagt: *„Die Natur beeilt sich nicht, trotzdem wird alles fertig"*.

Nun, ich *beeilte* mich nicht. Ich nahm

jeden Tag an meiner kleinen Hütte Verbesserungen vor. Ich arbeitete ein bisschen hier und ein bisschen dort. Und nach einiger Zeit, war alles fertig.

Ich baute aus Holzresten einen Tisch und ein paar Stühle. Ich baute Fässer, um Regenwasser aufzufangen. Ich hob eine natürliche Toilette aus. Und ich baute eine kleine Windturbine, die meine Lampe mit Strom versorgte.

Schwester Betty brachte mir eine Matratze und ein paar Samen.

Ich machte die letzten Verbesserungsarbeiten an meinem Haus und begann dann auf der Lichtung zu arbeiten, wo ich all die Samen in den Boden steckte, von denen ich glaubte, dass sie aufgehen könnten.

Ich baute üppiges Grünzeug an, knackiges Gemüse und saftige Tomaten; vitaminreiche Beeren, fleißige Obstbäume und herzhafte Salate.

Ich brachte mir selbst bei, wie man überlebt. Wie man aus Holz Feuer macht, aus Weizen Mehl und aus Pflanzen Heiltränke. Wie man Futtermittel anbaut;

wie man essbare Beeren und Pilze findet. Wie man Nüsse trocknet, Kaffee röstet und Reis verarbeitet. Wie man frische Nahrung räuchert, trocknet, salzt und einmacht. Und wie man spirituelle Übungen wie Yoga und Meditation ausführt.

Mein ganzes Leben war natürlich. Mein ganzes Leben war mit der Natur selbst verbunden.

Die Natur gab mir zu essen. Die Natur befreite mich. Und die Natur sorgte dafür, dass ich gesund blieb.

Bitte erlauben Sie mir, es zu erklären...

Erinnern Sie sich, als ich, kurz bevor ich mit dem fetten Schmitt einen Schwertkampf ausführte, sagte, dass ich mich in der Schule gefangen fühlte? Es folgt das, was ich geschrieben habe:

„Ich war drinnen eingesperrt und die beengende Atmosphäre der Schule nervte mich. Ich bin wie ein Vogel, wissen Sie; Ich muss frei fliegen. Ich brauche Platz und Freiheit... Aber ich wurde gezwungen an einem Schreibtisch zu hocken; gefangen gehalten von den vier gefühlslosen Wänden und versklavt von der omnipotenten

Autorität der Lehrer... ich fühlte mich einfach nicht natürlich. Einfach nicht richtig."

Nun, das war ein immer wiederkehrendes Gefühl, das ich während meiner ganzen Jugend an mir hing, wie ein Blutegel an einer blutigen Ader. Es war ein nervendes Gefühl. Ein immer gegenwärtiges Pochen, dass sich weigerte, mich in Ruhe zu lassen.

Aber, liebe Leserin und lieber Leser, dieses Gefühl verschwand tatsächlich, als ich mich zum Leben in den Wald zurückzog.

Meine Lichtung ermöglichte mir *„frei zu fliegen"*. Sie gab mir *„Platz und Freiheit"*. Sie befreite mich von den vier „gefühlslosen Wänden" meiner Schule und der „omnipotenten Autorität" meiner Vorgesetzten.

Die Bäume, die mich umgaben waren keine Wände. Sie waren porös. Die Zwischenräume zwischen ihnen waren Türen zu einem sich dauernd veränderndem Wunderland. Ein Wunderland, dass mich jeden Tag erstaunte.

Und ich hatte keinen Chef.

Es wäre jedoch falsch, zu sagen, dass ich mein eigener Chef wurde, mein eigener

Herr. Ich war mir gegenüber weder ein Chef noch ein Herr, ich sagte mir nicht selbst, was ich zu tun hatte.

Ich wurde einfach eins mit der Natur.

Ich stand mit der Sonne auf. Ich ließ mich von der Brise tragen. Ich atmete Zeit ein. Und ich atmete Raum aus.

Ich umarmte die Stille, die nur ab und zu von einem Wecker unterbrochen wurde, den ich einfach nicht finden konnte:

„Piep! Piep! Piep!"

Der Egot kam nie wieder zurück. Und darüber war ich froh. Ich brauchte ihn nicht. Ich brauchte *mich* nicht. Ich verlor mein Gefühl für mich selbst; das Identitätsgefühl von Individualität, wonach ich mich als Jugendlicher so sehr gesehnt hatte.

Meine kleine Stimme verstummte.

Ich sah mich nicht mehr als Individuum; ein eigenständiges, von der Welt getrenntes Wesen. Ich sah mich als Teil eines viel größeren Ganzen. Ein Tropfen in einem Ozean, untrennbar vom Ozean selbst. Ein Stern in einer unendlichen Galaxie. Vereint. Untrennbar. Eins.

Ich war Natur und die Natur war ich.

Ich war ein Vogel, ein Tier und ein Insekt.

Ich war ein tanzender Baum.

Ich war ein verworrener Busch.

Ich war eine sternenübersäte Nacht.

Ich war ein unendliches Himmelszelt aus reinem Azurblau.

Aber, meine lieben Leser, ich war nicht allein. Nein.

Schwester Betty kam mich alle zwei Monate besuchen. Gelegentlich brachte sie mir Sachen mit, von denen sie meinte, dass ich sie vielleicht gebrauchen könnte. Sie hat mich nie um eine Gegenleistung gebeten. Sie war durch und durch gutmütig.

Einmal brachte sie mir eine alte Labradorhündin namens „Cloudy" mit, die von ihrem vorherigen Besitzer misshandelt worden war. Cloudy wurde meine beste Freundin. Ich sorgte für sie, als wäre sie mein eigenes Kind. An ihr konnte ich wunderbar meinen Drang, selbstlos zu sein, abreagieren. Und genau wie ich wurde sie von der Natur die uns umgab wiederbelebt.

Nach ein paar Monaten gesellte sich eine rothaarige Katze zu uns. Ich nannte sie „Betty". Ich habe keine Ahnung, wo Betty herkam. Sie tauchte einfach auf und entschied sich, uns zu adoptieren. Sie war willkommen - wir freuten uns über ihre Gesellschaft. Das tun wir immer noch. Sie ist eine komische Katze. Sie begnügt sich damit, nur Gemüse zu essen. Und sie verbringt Stunden im Regen, ohne sich auch nur zu schütteln. Sie sieht aus, als würde sie meditieren. Aber andererseits, wenn ich darüber nachdenke, vermute ich, dass die meisten Katzen komisch sind. Ich glaube sie haben gespaltene Persönlichkeiten. Sie sind sich nicht sicher, ob sie sich als Jäger oder Beute betrachten sollen; ob sie stark und mutig oder kapriziös und ängstlich sein sollen.

Die Vögel, die uns begleiteten, waren nicht so verwirrt. Sie saßen in den Zweigen und sangen aus voller Brust. Ich schloss mich ihnen an. Und ebenso Cloudy.

Ab und zu statteten uns ein hoppelnder Hase oder ein hüpfendes Kaninchen einen Besuch ab. Wir sahen Füchse und Eichhörnchen, Dachse und Schlangen. Wir sahen sogar einen Pfau.

Ich hatte also alles, was ich wollte, und

mehr. Ich hatte Nahrung und Unterkunft. Ich hatte Gefährten. Ich hatte Frieden.

Und indem ich so lebte, habe ich meiner Meinung nach mein inneres Kind aufgepäppelt

Lassen Sie mich das bitte nochmals erklären...

Am Anfang dieses Buches habe ich Sie mit einer Geschichte erfreut, in der meine Lehrerin, Frau Braun, über Wilde sprach: *„Ein Wilder ist wie ein Tier. Er trägt keine Kleidung, lebt nicht in einem Haus und lernt oder arbeitet nicht. Er folgt seinen Grundbedürfnissen: essen, trinken und sich fortpflanzen... er hat keinen Ehrgeiz... er tut so wenig wie möglich für sein Überleben. Und die meiste Zeit verbringt er mit Schlafen oder Spielen.“*

Wie Sie sich sicher erinnern, gefiel mir das sehr. Ich schrieb Folgendes:

„Es erschien mir, als hätte ich eine Art von Supermenschen entdeckt. Mir kamen die Wilden wie Götter vor. Ich wusste augenblicklich, dass ich einer von ihnen sein wollte. Niemals zuvor in meinem Leben war ich mir einer Sache so sicher gewesen.“

Nachdem ich etwas über die Wilden gelernt hatte, hörte ich zum ersten Mal dem Egot zu. Ich tobte herum und glaubte, selbst ein Wilder zu sein.

Natürlich war ich nicht wirklich ein Wilder. Aber das, was ich damals als Wahrheit ansah, war auch wahr als ich in den Wald zog. Ich wollte essen, trinken und schlafen. Ich wollte spielen. Aber ich wollte nicht arbeiten. Ich wollte nicht von unnützem Ehrgeiz in Fesseln gelegt werden.

Jahrelang hatte ich die wirklichen Bedürfnisse vergessen. Jahrelang war ich den falschen Zielen, die andere für mich gesteckt hatten, nachgelaufen.

Ich siechte bei Arbeitsstellen dahin, die ich nie wirklich gewollt hatte, ohne zu bemerken, wie unproduktiv das war. Lao Tzu hat gesagt: „*Wenn du deine Schüssel bis an den Rand füllst, wird der Inhalt verschüttet. Wenn du dein Messer andauernd schärfst, zerbricht die Klinge.*"

Ich hatte mir Beförderungen gewünscht, ohne mir darüber im Klaren zu sein, dass eine Stellung in der Geschäftsführung mich niemals erfüllen würde. Lao Tzu hat gesagt:

„Wer andere kontrolliert hat vielleicht Macht, aber wer sich selbst unter Kontrolle hält ist trotzdem mächtiger."

Und ich hatte so sehr auf eine Lohnerhöhung gewartet, ohne zu bemerken, dass Geld mich nicht reich machen würde. Lao Tzu sagt: „Wer zufrieden ist, ist reich".

Trotzdem, da war ich, auf meiner Lichtung und lebte wie ein Wilder. Oder sollte ich vielleicht eher sagen, dass ich wie ein „natürliches menschliches Wesen" lebte, (weil „Wilder" so ein herabwürdigendes Wort ist).

Ich nährte mein inneres Kind. Ich hatte ihm alles gegeben, was es sich je gewünscht hatte; Dinge wie Freiheit, Raum und Natur. Und ich befreite es von den Dingen, die es niemals gebraucht hatte; Dinge wie Arbeit, Ehrgeiz und Gier.

Ich war eine Raupe gewesen, aber ich war zum Schmetterling geworden.

Ich war von einem Samen zur Blume erblüht.

Mein inneres Kind war zu meinem inneren Erwachsenen herangewachsen. Ich war ich selbst geworden. Mein wahres Selbst. Ich war eins geworden.

EPILOG

Seit ich in den Wald gezogen bin, sind sieben Jahre vergangen und meine Zeit hier hat mir Gelegenheit zum Nachdenken gegeben, um meine Situation objektiv zu beurteilen. Und obschon ich nicht behaupten kann, konkrete Schlüsse gezogen zu haben, so habe ich doch einige Überlegungen angestellt, die ich mit Ihnen, liebe Leser, teilen möchte, bevor sich unsere Wege trennen. Ich hoffe, dass diese wirren Ausführungen Ihnen als Gedankenfutter dienen werden...

Zurückblickend auf meine ersten paar Jahre hier, wäre es richtig zu sagen, dass ich glücklich war. Glücklicher als je zuvor. Ich fühlte eine wirkliche Art von Glückseligkeit, was, wie ich hoffe, vom vorherigen Kapitel ersichtlich ist.

Diese Glückseligkeit war das Ergebnis von zwei verschiedenen Faktoren:

Der erste Faktor war positiv. Ich hatte einen natürlichen Rhythmus gefunden. Ich war eins mit der Natur; gleichzeitig unabhängig und miteinander verbunden, Ganzes und Teil eines größeren Ganzen.

Der zweite Faktor war negativ. Ich war einer dominanten Gesellschaft voll von unerträglichem Druck und übertriebenen Erwartungen entflohen. Ich fühlte mich, als wäre eine kolossale Last von meinen zerbrechlichen Schultern genommen worden.

Nun ja, es wäre immer noch richtig, zu sagen, dass ich mich eins mit der Natur fühle. Ich stehe immer noch beim Sonnenaufgang auf, lebe von der Erde und steige und falle mit den irdischen Gezeiten.

Es wäre jedoch nachlässig von mir, nicht zu erwähnen, dass sich die Euphorie von meiner Befreiung abgenutzt hat. Es stimmt, dass ich keine Last mehr auf meinen Schultern spüre. Aber ich fühle auch keine Erlösung mehr, wie damals, als diese Last das erste Mal von mir genommen wurde. Ich fühle mich nicht befreit. Ich fühle überhaupt nicht viel - von Garnichts.

Vielleicht sollte ich an dieser Stelle auf ein weiteres Sprichwort von Lao Tzu hinweisen (Ich hoffe, dass ich Sie mit meiner Besessenheit von diesem Mann nicht gelangweilt habe):

„Lebe bodenständig. Denke geradlinig. Bleibe in Konflikten fair und großzügig. Versuche beim Regieren nicht zu kontrollieren. Tue beim Arbeiten, was dir Spaß macht. Sei im Familienleben vollständig präsent."

Nun, ich lebe ganz sicher bodenständig und sicherlich halte ich mein Leben einfach. Meine Arbeit macht mir Freude, wenn man das, was ich tue, Arbeit nennen kann. Ich habe keine Konflikte und ich habe nie regiert. Darum kreuze ich fünf von Lao Tzus Kästchen an.

Aber bin ich im Familienleben vollständig präsent? Ganz bestimmt nicht! Abwesender könnte ich gar nicht sein. Meine Familie lebt in der Nachbarschaft meiner Kindheit. Ich lebe hier in diesem Wald. Zwischen uns liegen Kilometer, aber es könnten genauso gut auch ganze Galaxien sein. Mir kommt es vor, als lebten wir auf völlig verschiedenen Ebenen.

Und das wirft eine weitere Frage auf: *„Kann jemand, der in der Einsamkeit lebt, wirklich glücklich sein?"*

Möglicherweise können das einige

merkwürdige Individuen. Aber wir Menschen sind soziale Wesen. Wir benötigen Gesellschaft. Wir brauchen Liebe.

Von mir wurde verlangt, mich zwischen der Gesellschaft und mir selbst zu entscheiden. Ich habe mich selbst gewählt. Und das bereue ich überhaupt nicht. Ich wünschte nur, ich wäre in eine Welt geboren worden, in der diese Wahl nicht nötig sein würde. Ich liebe die kleine Gesellschaft. die ich hier geschaffen habe. Ich verbringe gerne Zeit mit meinem Hund und meiner Katze. Ich freue mich, Schwester Betty bei ihren seltenen Besuchen zu sehen. Aber trotzdem sehne ich mich danach, in einer guten menschlichen Gesellschaft zu leben; in einer Gesellschaft, die mich so akzeptieren kann, wie ich bin.

Ich liebe das Vogelgezwitscher, dass mich auf Schritt und Tritt begleitet. Aber trotzdem sehne ich mich nach der unnachahmlichen Harmonie von menschlichem Gelächter. Nach dem hemmungslosen Klang der Freude eines anderen, nach der warmherzigen Umarmung eines anderen Menschen, dem lebendigen Hin und Her einer freudigen

Unterhaltung und den melodischen Nebengeräuschen, die ein gemeinsames Mahl begleiten.

Ich liebe den gemütlichen Charme einer kalten Nacht und die melancholische Umarmung eines schwülen Tages. Ich liebe meine Naturverbundenheit. Aber die Natur kann auch so unerbittlich sein! Manchmal vermisse ich den Komfort eines solide gebauten Hauses. Eines, das nicht unerträglich kalt oder heiß, nass oder beengend wird. Eines, das über ein Bad oder eine Dusche und eine Anzahl guter Bücher verfügt.

Manchmal frage ich mich: »*Ist es das, was ich wirklich will?*«

Und ich kann diese Frage nicht beantworten. Ich weiß es nicht. Ich weiß es nicht. Ich weiß es einfach nicht.

Stellen wir darum eine andere Frage, die ich beantworten kann: »*Habe ich Erleuchtung erlangt?*«

Auf diese Frage ist die Antwort ein eindeutiges „*nein*". Da bin ich mir sicher. Vielleicht werde ich die Erleuchtung nie erreichen. Ich bin mir noch nicht einmal sicher, ob es eine „*Erleuchtung*" überhaupt gibt. (Obwohl, falls es sie gibt und ich sie erreichen sollte, werde ich Sie es sicher wissen lassen).

Eine dritte Frage: »*Hatte ich eine Erfahrung außerhalb meines Körpers als Beethoven erklang und ich mich von allen Zwängen befreite?*«

Leider muss ich nochmals mit „*nein*" antworten. Tatsächlich beginne ich mich zu fragen, ob ich überhaupt jemals eine solche Erfahrung hatte. Die Erinnerung kann uns Streiche spielen, indem sie vergangene Ereignisse in einem beschönigenden Licht erscheinen lässt und tagtägliche Erfahrungen mit einem magischen Schein versieht, der nie wirklich existiert hat. Vielleicht habe ich mich niemals von meinem Körper befreit. Vielleicht war ich nur besäuselt von dem süßen Elixier der Rebellion; berauscht von meiner vorrübergehenden Befreiung und high durch die Entdeckung eines besseren Lebens. Ich weiß nicht. Ich weiß es einfach nicht. Das müssen Sie selbst entscheiden.

Und jetzt eine letzte Frage, bevor wir uns

trennen: „Bin ich glücklich?"

Auf diese Frage ist die Antwort nicht so eindeutig. Vielleicht ist es ein *„ja"*, vielleicht ist es ein *„nein"*. Wer weiß das schon? Ich meine, was ist überhaupt Glück?

Ich bin oft glücklich. Manchmal empfinde ich eine extreme, allumfassende Art von Glückseligkeit. Andere Male fühle ich eine subtilere Art von Glück, die viele Tage anhalten kann. Ich fühle mich immer noch eins mit der Natur. Aber ich fühle mich auch von der menschlichen Gesellschaft getrennt.

Manchmal bin ich traurig. Manchmal fühle ich mich einsam.

Ich weiß jedoch, dass ich glücklicher bin als je zuvor. Ich vibriere auf meiner natürlichen Frequenz. Ich fühle mich ruhig. Mein Geist ist still.

Und das muss für mich reichen. Es ist die Art von Leben, für die ich mich entschieden habe. Es könnte besser sein, aber auch schlechter. Ich erledige Dinge auf meine Weise und das fühlt sich richtig an.

Aber dies hier sollte keine große Offenbarung werden; irgendeine Art tiefsinnige philosophische Wahrheit. Und es sollte auch keine Lektion sein. Ich bitte Sie, liebe Leser, nicht in meine Fußstapfen zu treten. Sie müssen Ihren eigenen Weg durchs Leben finden. Sie müssen herausfinden, was richtig für Sie ist. Und niemand, weder Ihre Eltern, Ihre Lehrer und sicherlich nicht ich, können Ihnen sagen, wie man das macht. Sie, liebe Leser, sind Ihre eigenen besten Lehrer. Ihre eigenen persönlichen Erfahrungen werden Ihnen die besten Lektionen erteilen, die Sie je erhalten können.

Es ist, wie Lao Tzu sagt: »*Die Schneegans braucht nicht zu baden, um weiß zu werden. Ebenso wenig brauchst du irgendetwas anderes zu tun, als du selbst zu sein...die Antwort findest du im Innersten deines Wesens; du weißt, wer du bist und du weißt, was du willst.*«

Und mit diesen weisen Worten müssen wir uns jetzt Lebewohl sagen.

Auf Wiedersehen, liebe Freundin und lieber Freund!

Gehe deinen Weg so gut du kannst.

Sei die Person, die du hättest immer seien sollen.

„Piep! Piep! Piiiiiiiiiiiiiiiiiiep!"

BESETZT

»Ein einzigartiges Stück der erzählenden Literatur« - **The Examiner**

»Düsterer als George Orwells 1984« - **AXS**

»Ehrlich und beunruhigend« - **Free Tibet**

»Genre-sprengend« - **Pak Asia Times**

»Sollte man gelesen haben« - **Buzzfeed**

MANCHE MENSCHEN LEBEN IN BESETZTEN GEBIETEN.

MANCHE MENSCHEN SIND SELBST DIE BESETZER.

NIEMAND IST FREI.

Begeben Sie sich in eine Welt, die sowohl magische Erzählung als auch schockierend real ist, um den Lebenswegen von Tamsin, einem Flüchtling, Ellie, einer Einheimischen, Arun, einem Besetzer und Charlie, einem Wirtschaftsmigranten zu folgen. Erleben Sie, wie sie in einer friedlichen Vergangenheit aufwachsen, die Gegenwart erleben und in eine ungewisse Zukunft blicken. Und machen Sie sich darauf gefasst, überrascht zu werden.

Inspiriert von den besetzten Ländern Palästina, Kurdistan und Tibet und von der Besetzung des Westens durch Konzerne. »Besetzt« ist ein erschreckender Einblick in eine Gesellschaft, die einem ein bisschen zu bekannt vorkommt, um sich wohl zu fühlen. Ein wirklich einzigartiges Stück erzählerischer Literatur...

INVOLUTION & EVOLUTION

Dies ist die Geschichte von Alfred Freeman, einem Jungen, der alles tut, was er kann, um der Menschheit zu dienen. Er rettet, speist und tröstet fünftausend Jugendliche und kämpft für die Verdammten. Er hilft Säufern, sich besser zu fühlen, verwandelt Wasser in Wein und gibt Blinden ihre Sehkraft zurück.

Als der erste Weltkrieg bevorsteht, versinkt sein Land in Angst und Schrecken, und so beginnt Alfred sich aufzulehnen. Er protestiert gegen den Krieg, mahnt zum Frieden, widersetzt sich der Polizei und erhebt seine Stimme im ganzen Land. Er hält grandios klingende Reden und Predigten.

Aber die Machthaber schlagen voller Abscheu, Verhöhnung und Verachtung mit einem schweren Angriff zurück. Bei seiner Verfolgung muss Alfred Leiden und Schmerzen ertragen. Ihm droht die Hinrichtung. Er kämpft ums Überleben und darum, ruhig und mental gesund zu bleiben.

„Involution & Evolution" ist ein Meisterwerk der Poesie mit einer Botschaft, die zeitlos ist und Ihnen nicht mehr aus dem Kopf gehen wird. Mit farbenfrohen Romanfiguren und poetischem Flair. Es ist eine bissige Kritik an der modernen Kriegsführung mitsamt all ihrem Blutvergießen. Ein Roman, der neuen Boden betritt, der sicherlich überrascht und wirklich lesenswert ist.

Wenn Ihnen dieses Buch gefallen hat, hinterlassen Sie bitte auf Websites wie Goodreads eine Rezession. Hinter Joss Sheldon steht kein professionelles Marketingteam - er benötigt Ihre Hilfe, um seine Bücher bekannt zu machen!!!